大思政

以社会学视角

王丽 著

中国出版集团 东方出版中心

图书在版编目（CIP）数据

大思政：以社会学视角 / 王丽著. 一上海：东方
出版中心, 2024.4
　　ISBN 978-7-5473-2383-0

　　Ⅰ.①大… Ⅱ.①王… Ⅲ.①思想政治教育－研究－
中国 Ⅳ.①D64

中国国家版本馆CIP数据核字（2024）第088108号

大思政——以社会学视角

著　　者　王　丽
策　　划　万　骏
责任编辑　陈明晓
装帧设计　余佳佳

出 版 人　陈义望
出版发行　东方出版中心
地　　址　上海市仙霞路345号
邮政编码　200336
电　　话　021-62417400
印 刷 者　山东韵杰文化科技有限公司

开　　本　890mm×1240mm　1/32
印　　张　6.5
字　　数　95千字
版　　次　2024年5月第1版
印　　次　2024年5月第1次印刷
定　　价　58.00元

自 序

　　互联网时代，网络成为当代青年生活的主场景，是高校意识形态工作的主阵地，是大学生思想政治教育工作的主战场。作为一名思政教师，我在多年辅导员与管理育人工作的基础上，结合招生宣传的多媒体工作经验，于2021年开启了个人公益微信公众号、视频号、抖音号（睿丽升涯），并有幸入选"人民好主播"活动，让视频登上了人民日报视界的客户端。此书就是在"我们都是社会人"系列思政短视频的撰稿基础上形成的。可以说，这是一部"有声"的、充满社会学意蕴的思政教育作品集。

　　书的题目《大思政》生动体现了我的职业和专业背景，本科、硕士、在读博士在南京大学社会学院的学习历程给了我尝试将思想政治教育与社会学理论知识相结合的灵感与底蕴。我想以思政科普的形式把社会学介绍给更多读者，特别是正处在世界观、人生观、价值观形塑关键期的青少年小朋友们。正如后面正文部分所写，社会学有着相较于人文学科融入社会程度高、应用技能强的特点，相较于理工学科又更具理论韵味、哲思涵养。所以，本书以培养读者的社会学正念为宗旨。所谓社会学正念，指的是一种了解社会世界运作方式的实践。虽然我们都是社会中的一员，也都被笑称是"社会学家"，学习社会学正念，有助于我们真正地了解世界，看清社会现象背后的本质。

全书包含对话经典、解析制度、透视互动、坚守自我四个章节，探讨构成社会世界的各种现象、模式、过程；分析偶然性与必然性、普遍性与特殊性等互相依存的各种联系；解析影响人类社会发展的文化习惯、运行机制、利益格局，共计80篇议论小品，尽可能做到论点鲜明、论据充分、论证生动。希望此书能够有利于提升读者阅读理解、演讲写作的学习能力，提高读者关心世界、热爱社会的家国情怀。

思考是一种生活方式，写作是一种学习方式。此书是继《大学校园 遇见更好的自己》《伴你高飞 高校视野下高中生涯规划指南》出版后，我最新学习与思考结果的凝练。不忘初心，砥砺前行，希望能以文字的方式持续做好青少年朋友的知心人、热心人、引路人。

目　录

第一章

对话经典

1-1

自然科学VS社会科学

导 语

《科学与文学的对话》栏目问莫言，生活中你为什么这么低调？

社会学科是不是科学？与自然学科有什么差异？

自然学科与社会学科的研究范式有何不同？

学习社会学7年，担任生命科学辅导员6年，我对学科差异怎么看？

综合型高校学科素养和综合素养培养的优势有哪些？

在一次《科学与文学的对话》栏目中，主持人问诺贝尔文学奖获得者莫言："生活中你为什么那么低调呢？"莫言回答道："如果我获得的是诺贝尔物理学奖，你看我还低调不低调。我会非常张扬，因为这是我的发现，已经被世人证明了，这个定理就存在于宇宙里，不服气，你也发现一个？但文学就不一样了，在文学上每个人都有自己的判断。有人认为这本书是天才之作，也有人认为这是个什么玩意。"莫言的回答幽默地说出了人文学科与自然科学的差异。作为一名文科生，准确地说，作为一名社会科学学生，我对此也深有同感。

关于社会科学是不是科学的争议一直围绕着社会科学的发展。有人说，因社会科学不可以证伪，所以社会科学不是科学，而是一种范式。也有学者认为不应以自然科学的标准衡量一切学科，从而否定社会科学的科学性。

自然科学探索的是自然界模式，研究成果可以证伪、可以重复。社会科学揭秘的是社会世界模式，是人类一起做事的方式，是信念和文化习惯的结果，某种程度上，是发现，也是建构的过程。因此，社会科学更崇尚掌握话语权的权威，而自然科学则更注重原创发现。其实，自然科学也是一种研究范式，做实验、分析结果、写论文，也有某种套路。所以不同的学科只是学科范式不同，不存在高低。

我本科及硕士阶段在南京大学社会学院学习了7年，留校后在生命科学学院担任辅导员6年。一个文科生刚到理科学院的时候，有着科学差异带来的新鲜感，当然一开始还有着对物理环境的不适应。文科楼里有着单间办公室、舒适漂亮的家装、中西合璧的厨房，到了理科楼更多的是实验室以及像实验室的办公室。老实说，心理落差还是有的。但文科生在自然科学圈子里泡着，日子久了，很多时候我不开口，很多人会误以为我是学生物的。因为我对生命科学的研究方向、前沿资讯都比较了解。这充分体现了综合型高校对学生学科素养和综合素质培养方面的优势。在这里我们鼓励文科生提升科学素养，在这里我们让理科生浸润文科情怀。

新高考改革背景下，如何做好高中生的学科教育十分关键。很多考生与家长盲目追求"好就业"的工科、"热门"的商科，忽视自身兴趣爱好与研究潜力，后期容易因缺乏科研动力，造成基础学科人才的浪费。作为一名资深的高教本科招生老师，对于专业的选择，我始终强调"选我所爱、爱我所选"，兴趣是学习的动力，坚持不懈的努力才能使动力转化为成长。

1-2
从选专业读理论

导 语 ━━━━━━━━━━━━

文科背景的招办老师聊文科生选什么专业好。

感兴趣但不确定自己是否适合该专业，怎么办？

社会学相较于人文、法律、经济，有何不同的味道。

什么是理论？理论与事实之间的关系是什么？

━━━━━━━━━━━

作为一名高校本科招生老师，特别是拥有南京大学文科专业学习背景的老师，很多考生和家长会问我"文科生学什么专业比较好"。我一直认为专业的好坏并不绝对，你自己喜欢的才是最好的。有人说，我虽然很喜欢，但担心自己不适合，特别是在面对学习难度比较大的数学、物理、天文等学科时，很容易望而却步。没有尝试过，任何人都无法断言是否合适。唯有尊崇初心，选择自己真正喜欢的才有动力全力以赴去学习、去探索。即使中途发现真的不适合，对很多高水平大学而言，更改学习或研究方向也是可行的。当然有同学会担心中途更改专业会造成时间上的浪费和机会成本的淹没。但其实本科低年级阶段主要是通识教育打基础，并且学科是相通的，学习能力是一贯的。因此，只要是认真学习，学有所获，任何付出都不会白费。

如果非要推荐专业，可能由于幸存者偏差效应，我还是要隆重推荐一下我的本专业——社会学。在我的理解与学习实践中，社会学有着社科专业相较于人文学科融入社会程度高、实际应用技能强的特点。作为"西方社会学理论"课程最高分获得者，我最喜欢的还是它拥有的独特的社会学理论的味道。结构功能论、社会冲突论、社会交换论、符号互动论等等，即使这些理论具体内容的记忆现在可能已经模糊了，但我仍然坚定地认为，社会学专业有着相较于人文学科更具框架体系的严谨思维，有着相较于法律、经济更贴近社会人心的生动细腻。

那么，什么是理论？我经常说，理论就是自圆其说，是对事实的推测、演绎、抽象或综合而得出的评价、看法。理论是我们对事实理解的一个故事，"一千个读者就有一千个哈姆雷特"。有些理论能够解释更多数的事实，逻辑连贯性更强，能够做出更准确的预测，也会更容易受到广泛的关注和认同。有些理论则可能因对事实的解释过于片面、犀利或冒进，往往一时不容易被接受，甚至可能会受到批判和抨击。任何新生事物的诞生和发展初期都不可能一帆风顺。因为人们对新生事物容易因陌生而缺乏安全感，从而引发心理上的抗拒。但无论如何，注意加强理论学习，试着通过不同的理论观点去看待这个世界是好事。因为理论会带给你更多更新的视角。

1-3
用变量讲故事

导 语 ————————————

什么是变量，什么是自变量，什么是因变量？

社会学之思是把社会世界切分为不同变量，看看变量之间的相互关系。

看到变量之间关系的模式，更要看到模式背后产生的原因。

让我们更好地了解人们在社会生活中的行为。

————————————

有人说，社会学之思就是把社会世界切分成不同的变量，然后看看变量之间是如何相关的。随着社会科学大踏步迈入大数据时代，变量成为社会学研究的关键名词之一。变量是指可测量的、具有不同取值或范畴的概念。在社会学研究中变量表示随时间和空间而发生变化，因人、群体或内容的不同而变化的特征。例如，年龄、性别、种族、社会阶级、文化差异，诉讼率、犯罪率、胜诉率、上诉率、离婚率、自杀率、交通事故率等都是变量。

在社会学因果分析中，变量可分为自变量和因变量。自变量是能够引起变化和结果的变量。因变量是随自变量的变化而导致自身发生变化的变量。例如，酒后开车引起交通事故，前一个变量（酒后开车）是自变量，后一个变量（交通事故）为因变量。同一变量在一个关系中可能是自变量，在另一关系中可能是因变量。例如，司机酒后驾驶在与交通事故的关系中是自变量，在司机酒后驾驶受到有关交通法规处罚的关系中又是因变量。

知道一个变量与另一个变量的关系只是一个起点，我们在看到变量之间的相关模式后，还要去思考它是如何产生的。为什么随着人们的受教育程度变高，他们的收入会增长，但并未一直显著增长？受教育程度在劳动力市场承担着什么样的角色？高学历的寒门学子在职场上面临着什么？影响阶层流动的主要因素有哪些？以引起网上热议的一个现象为例，据说清华北大的学生有70%都是通过获得各类加分的特殊类型招生方式进入的。显然，要通过特殊类型招生方式进入，除了对学业成绩有很高基础要求外，对学生的学科竞赛潜力和综合素养也有很高的要求。这就显然需要有一定的家庭经济基础支撑。当优质教育资源更多的与考生家庭及经济背景相关，阶层固化对青年学子会产生什么样的影响？探索这些模式背后的原因有助于我们更好地了解人们在社会生活中的行为，也有助于我们更好地优化社会机制与行为模式。

1-4

历史属于胜利者?

导 语 ————————————

战国争雄、大唐盛世、晚清凄凉,你对哪段历史感兴趣?

表象是我们无法轻易见证的某个时代、某个地方、某个人物、某个事物或某个事件的形象。

历史的真相是什么取决于我们建构和认同什么。是谁在为谁建构?如何建构?为什么要建构?如何掩盖建构?

警惕表象,不妨碍我们读史明智,通过多渠道了解,进行深层次思考。

战国争雄、大唐盛世、晚清凄冷,你对哪个时代、哪段历史最感兴趣?为什么会特别钟爱它?是因为上学时学过的课本,某天读过的历史书籍,还是看过的纪录片?无法经历那个年代,历史无法重演,我们没办法回到过去亲眼见证。唯有通过书籍、影像等途径去感知、去了解一段历史。与一个人的外表、形象相对,社会学名词——表象,是指关于无法轻易见证的某个时代、某个地方、某个人物、某个事物或者某个事件的形象。

都说一千个读者就有一千个哈姆雷特。对一段历史而言,其描述版本可能有一千个。我们还会戏称为正史和野史。一代枭雄项羽为何自刎?李世民称帝到底经历了什么?到底是什么原因导致了清朝的消亡?历史是否"属于"胜利者?由胜利者书写的正史到底几分真假?在追问历史的真相到底是什么的历程中,我们会发现,历史的表象是一种建构。真相是什么取决于我们建构和认同什么。到底是谁在为谁建构?如何建构?为什么要建构?社会学的正念提醒我们去关注,是谁是什么让我们相信历史的真相是这样,又是怎么掩盖这一灌输和驯化的过程。生活在由"胜利者"书写的众多表象中,我们应当保持基本的判别和思辨能力,多问问自己"表象背后是什么?""我应该如何审慎对待并作出反应?"

对表象保持足够警惕,不妨碍日常生活与工作中我们对历史的依赖。读史明智,王朝的兴衰、时代的更替、各国的重大事件、我国的发展历程、国家领导人的理念与性格、各个群体的特性、各行各业的行为与趋势都是我们学习的对象,也是我们行动的基础。虽然大多数时候我们无法直接接触到这些表象的背后,但我们可以尽可能多地去了解、分析表象,深层次地去思考表象背后的权力与利益格局,从而为自己的行为提供更清醒更准确的指导。

1-5

缄默知识

导 语

我吃过的盐比你吃过的饭都多，走过的桥比你走过的路都多。

什么是缄默知识？很多事情我们是天生就会吗？

教会机器人去买个土豆回来需要多少指令？

善待大脑，珍视学习，汲取更多缄默知识，编织更精彩的生活。

学理上来说，缄默知识是我们在日常互动中用来处理那些不言自明、心知肚明的情况的知识。也就是说，你知道如何做某事，但不一定能讲清楚它的原理，也很容易忘却你是如何学会这件事的，仿佛你天生就会做这件事。比如，你去电影院，知道如何排队买票、进场找座。你知道，见不同的人，如何做不同的穿衣打扮。这些看似非常简单的事情，其实蕴含了很多缄默知识。只是我们已经忘了自己是如何习得并形成习惯的。

年长者在教育年少者可能会习惯性地说，"我吃过的盐比你吃过的饭都多，走过的桥比你走过的路都多"。这里所说的"盐"和"桥"，是指他们在人与人的互动中，先于年少者了解、学习到的社会生活的规则，形成的缄默知识。仔细分析，我们可以将这些知识大概划分为两类，一类是程序性的，告诉我们如何按照受到广泛认同的组织方式或者模式进行活动。比如，办各类业务要排队，买东西要先付钱再拿商品，流程上一般要先签字再盖章等等。另一类是规范性的，也就是告诉我们什么是对的，什么是错的，什么是被社会倡导的，什么是被道德鄙视的。比如，我们应该爱国爱民、遵纪守法、尊老爱幼。

看似平平无奇的缄默知识到底有何神奇之处？我请大家想象一下，如果要用编程教会一个机器人去买一个土豆回来。你需要下达多少指令？即使不是计算机专业背景的人也可以想象到其中的工作量远比让一个小学生去完成这项操作要复杂得多。互联网技术的发展，人工智能时代的到来，机器替代人工的危机预言越演越烈。但冷静思考后我们会发现，跟机器人相比，虽然在单一事件单一时间内的精准与速度无法比拟，但我们的大脑拥有令人惊叹的知识储备和综合加工的能力。所以，我们远比自己想象中的更棒。让我们善待大脑，珍视学习，不断汲取更多的缄默知识，编织更精彩的生活。

1-6

批判性思维

导 语 ————————————

　　知识是人类智慧的结晶，也是建构的结果。因此，知识也有可能出现错误。互联网时代的民众已经逐步开启了对知识和老师的祛魅之路。

　　什么是批判性思维？它对拔尖创新人才培养意味着什么？

　　批判性思维的关键核心是要有质疑一切的态度。

　　批判性思维是技能、思想和态度，是一种人格气质，也是一种现代人文精神。

————————————————

　　"师者传道受业解惑"，学校承载着人们对知识的渴求，老师承担着立德树人的使命。自从迈入幼儿园，甚至从学前班开始，我们就被教育上课要听讲、要听老师的话。寒窗多载，从学生成长一名大学老师，身份的转变除了让我备感使命重大、责任重大，更多的是感受到批判性思维教育的压力。随着高等教育的持续发展，互联网时代的深化变革，民众，特别是高知群体已经逐步开启了对知识和老师的去魅之路。伴随其间的是我们对拔尖创新人才培养的重视，对学生批判性思维塑造的关注。

作为一个心理学术语，批判性思维指的是根据观察事物的事实、证据、结果以及对论据进行分析后形成的一种理性判断，也被称为一种合理的反思性的思维方式。它决定了一个人应该相信什么，去做什么。著名的钱学森之问，拿遍世界青少年各类奥林匹克竞赛金奖的我们却有着深深的诺贝尔奖之痛，这些都体现出我国青少年批判性思维教育的整体性欠缺。明确应该相信什么、怎么去相信事情是锻炼批判性思维的前提。我们从寻求标准答案、追求满分，到越来越注重培养发散性、反思性思维，关键核心是要不断塑造质疑一切的态度。随着批判性思维教育的发展，我们越来越明白，课本上写到的、课程上讲到的、新闻里传播的、纪录片里描绘的，是人类智慧的结晶，也是建构的结果。既是建构，就有可能出现失误或错误。除了一路追求标准答案的惯性思维桎梏，要塑造批判性思维我们还需要磨炼自己敢于挑战权威、打破常规的勇气，培养问题意识，勇于提出问题、提出质疑，并且能够坚持主见，执着于分析问题、解决问题。

批判性思维是一种技能，也是一种思想和态度，没有学科边界，任何涉及智力或想象的领域都可从批判性思维的视角来审查。批判性思维是一种人格气质，是一种对工作对生活的理念信仰，也是一种现代人文精神。当我们通过一定的学习和规训，能够以一种质疑的观察视角去更加清醒地看待生活，就不容易被那些虚假、错误，甚至有害的东西所骗。

1-7
三大通用过程

导 语 ————————————

人们总是按照各种模式，依照各类过程生活着。

社会学视角里有三种通用过程：

"优势累积"过程，类似于财富的积聚效应；

辩证过程，发生在对立力量之间的博弈；

迭代过程，以文字工作者打磨文字的心得为例。

————————————————

人们总说"成功的故事总是似曾相识""幸福的家庭都很相似"。人生在于经历，社会是种过程。人们总是按照各种模式、依照各类过程生活着。从社会学视角去理解这个世界，我们可以看到三种常见的通用过程。

一是人们最为熟悉的"优势累积"过程，也可以称之为"逐步升级过程"。它是说就像财富储蓄账户一样，一个阶段的优势结果会在稍后阶段继续产生优势，会以一种持续不断地推动前进的方式反馈到这个过程中。生活中最常见的就是，家庭出身条件好的人，在求学、求职、工作过程中由于有着家庭经济、人脉关系等方面的助力，相对容易取得比同龄人更突出的成绩。用热门的社会学理论来解释，家庭资本、文化资本、社会资本将会加剧社会阶层的固化。

二是辩证过程。它是一种通过对立力量之间的冲突产生变化的过程。比如，历史总是在精英群体与非精英群体的控制与反控制之间的来回拉扯中，实现王朝的更替、时代的变更。日常生活与工作中也总充斥着各种力量之间的此消彼长、相互博弈。

三是迭代过程。它是指以同样的方式一次又一次重复的过程，用这一次的输出作为下一次的输入。这其中最典型也是我最有心得的例子就是对文字的打磨过程。自诩"文字工作者"的我会跟同学们强调，重要场合的演讲稿要一字一句地写下来，一分钟250个字左右。这样做有利于稳定发挥，更是为了保证你在有限时间内输出的都是最精华的内容。那么，如何才能保证你输出的是最精华的内容呢？文字的迭代过程就十分关键。我们先写出初稿，然后一字一句地进行打磨修改，形成意见稿。我们还可以邀请其他专家审阅指导，在意见稿的基础上再进行修改。正是在这样一个不断打磨、不断迭代的过程中，最终版本才得以呈现得更精彩。

除了文字，人类的发明创造、科学研究也必然经历迭代过程。任何重大科研成果的取得都必然经历了数不清的试错迭代。而每一次的研究成果、科学进展都会是下一次尝试、创新的起点。正是无数个这样不断更新、不断向上的迭代过程让我们进入崭新的现代世界。

1-8

分析距离

导 语 ━━━━━━━━━━━━━

　　小时候我们都是"十万个为什么"，后来为什么不爱提问了？

　　只有善于提问，对世界保持分析距离，才可以认识到社会的复杂和神秘。

　　分清问题的类型是善于提问的前提，主要的问题类型有经验问题、美学问题、道德问题、解释问题。

　　美学问题见仁见智，道德问题因人而异，我们应当集中精力在值得争辩的问题上。

━━━━━━━━━━━━━━━━━━━━━━

　　小时候我们都是"十万个为什么"。为什么火车会跑？为什么会下雪？为什么他的玩具比我多？慢慢长大、渐渐地我们似乎变得不爱问"为什么"了。也许是做试卷要有标准答案，在学校要听讲，在家里要听父母的话，进了单位要听领导的安排。于是，我们习惯了听话，不再勇于提问，渐渐地也就习惯了忽视问题。但问题是激发思想火花的导火索，是发明创造的起点和基石，是社会进步的动力和源泉。

社会学正念告诉我们，虽然人类社会总是给人"在那里"的客观存在感，我们似乎总是依照已经被验证、被解释的有序方式进行互动。但只有采取勇于、善于提问的态度看待这个社会，对这个世界保持分析的距离，我们才可以看到，社会世界远比我们想象的要更加复杂。

善于提问，首先要分清楚问题的类型。你有多高、多重？水在多少度会沸腾？今天的气温多少度？这些可以通过测量、计算或者调查来回答的问题属于经验问题。你觉得这场电影怎么样？100个观影者可能会有100种回答。这属于美学问题。答案见仁见智，无法评判对错好坏。放弃大城市的待遇回家乡农村工作，你觉得值得吗？你觉得他的人品怎样？这些属于道德问题，或者说涉及价值观层面的问题。每个人成长环境、教育背景、人生经历的不同，都可能会影响他对这类问题的理解和回答。你这么做是什么意思？你接下来有什么打算？这些属于解释问题。

分清楚我们面对的问题属于哪一类问题是分析问题、解决问题的前提，很多时候可以避免我们陷入不必要的争辩之中。例如，如果面对的是一个经验问题，与其争论不休、纠结犹豫，不如去图书馆、网络查阅或者进行实地调研，停止争论，放手去寻找答案。而美学问题见仁见智，道德问题因人而异，如果不利于沟通感情、促进合作，那争论无益。唯有分清问题类型，我们才可以集中精力去面对、去分析、去解决那些值得被重视的问题。

1-9

符号互动论

导 语 ————————————

"人靠衣装、马靠鞍"，着装、房车、职业等都是个人形象的标志。

什么是符号？什么是符号互动论？

拥有不同符号的能力意味着人们在占有自我所需资源和获取技能上的不平等。

谁能接触、占有并使用什么样的符号，谁能决定在什么场合怎么使用这些符号？

不同文化、不同环境、不同群体对符号的定义与使用标准不尽相同。

都说，"人靠衣装、马靠鞍"。为了给别人留下更加良好的第一印象，更好地赢得青睐与信任，我们努力获得更好的工作、更新的衣服、更贵的车子、更豪华的房子。因为这些似乎已经成为塑造我们个人形象的标记、符号。那么，这些标记、符号从何而来？它又意味着什么？社会学理论——符号互动论可以为我们解释一二。

符号互动论，主张从个体日常互动的自然环境去研究人类群体的行为。"符号"是指在一定程度上具有象征意义的事物。符号互动论认为这些事物对个体社会行为的影响，往往不在于事物本身所包含的世俗化的内容与功能，而是在于事物相对于个体的象征意义。事物的象征意义源于个体与他人的互动。互动过程中，个体总是会通过自己的解释去运用和修改事物的意义。

符号源于生活。人们都希望尽可能拥有更合适更美好的符号，但并非人人都有能力去拥有。拥有不同符号的能力意味着人们在占有自我所需资源和获取技能上的不平等。因此，在某种程度上人们会习惯性地从个人的外在符号去判断他所在的社会阶层，从而衍生出消费主义。有些人为了占有更美好的符号，去追求超过自身经济负担能力的消费品，从而引发诈骗、偷窃等社会问题。

学习社会学正念，我们将会更加关注：谁能接触、占有并使用什么样的符号，谁能决定在什么场合怎么使用这些符号。更重要的是，谁来决定符号的标准。不同文化、不同环境、不同群体对符号的定义和使用标准不尽相同。比如，在西方社会，特别是美国，拥有健康自然的肤色、强健挺拔的身材是地位与品位的象征，标志着你有钱有闲，能够自由地去健身、旅行、晒太阳。而现在流行的东方审美则崇尚白瘦幼，意味着不用干活，不用晒太阳，不用承担责任与压力，可以做温室里的花朵，是有钱有闲的象征。关注符号是如何被塑造的，如何影响社会世界运行的，有助于我们更好地了解文化的差异、世界的不同，有助于我们体验更多彩的生活。

1-10

三大积极心理学暗示效应

导语

　　教师的天职是立德树人，医生的使命是救死扶伤。有了身份，人们就会形成依赖，进行自我约束。

　　三大积极心理学暗示效应：巴纳姆效应、霍桑效应、皮格马利翁效应。

　　让我们更加积极地对待自己、对待他人。

　　教师的天职是立德树人，医生的使命是救死扶伤，军人保家卫国，企业创造利润。社会生活中，我们都在努力寻找自己的定位，寻找自己的价值。有了身份，形成依恋，我们就会进行自我约束，自觉按照身份要求的方式去行动。这让我联想到三大积极心理学暗示效应。

　　第一，巴纳姆效应。1948年，美国心理学家伯特伦·福勒给一群人做完人格测试后，拿出两份结果让参加者判断哪一份是自己的结果。事实上，一份是参与者自己的结果，另一份是多数人的回答平均起来的结果。大多数参赛者竟然都认为后者更准确地表达了自己的人格特征。它说明了：人们都很容易相信一个笼统的、一般性的人格描述特别适合他。这就是星座、血型理论之所以能够流行的基础。

第二，霍桑效应。1924年的实验中，在霍桑工厂被选中为研究对象的6名女工，意识到自己是被关注的群体。这种被关注的感觉使得她们加倍努力地工作，以证明自己是优秀的，是值得关注的。霍桑效应由此得出，当被观察者知道自己成为被观察对象时，会出现改变自己行为的倾向。这也是社会实验实施中的难点所在，因为实验本身就会对被观察对象产生不可避免的影响，从而可能对实验结果产生影响。因此，我们往往会通过设置实验组和对照组的方式来保障实验的准确性。

第三，皮格马利翁效应。这源于一个美好的希腊神话故事。爱神阿佛罗狄忒被皮格马利翁国王对自己雕刻的美女雕像的爱慕之情所感动，施法让雕像活了。后来，人们就把由期望而产生实际效果的现象叫作皮格马利翁效应，也称之为期待效应。这也是最为大家熟悉并且在教育过程中被普遍使用的效应。父母在教育子女时，通常都会采用鼓励、赞赏的方式，也就出现了"望子成龙，望女成凤"的普遍现象。

大家对这三个效应可能并不陌生。它们共同启示我们，要拥有积极的心态。积极地对待自己，告诉自己我可以，我一定行，并为之不懈努力；积极地对待他人，告诉他你可以，你一定行，我们拭目以待。

1-11

群体差异

导 语 ═══════════

　　人们将社会世界划分为不同群体，群体之间有什么不同？

　　女性的平均寿命比男性长6岁，男性平均初婚年龄比女性大1.4岁。

　　如何正确理解群体特征，特别是"平均"二字？

　　电视剧里怼催婚的名言："到了平均结婚年龄就都要结婚，那到了平均死亡年龄也要集体去死吗？"

　　物以类聚，人以群分。群体是社会学研究中一个很重要的概念。人们总是习惯于将社会生活分为不同的群体，再通过下定义或者贴标签的方式归纳群体特征，以作区分。社会学的正念会让我们学着追问群体间的差异，是某些群体比其他群体更富有、更聪明、更健康、更具有威望？2021年《世界卫生统计报告》显示，我国女性平均寿命比男性长6岁，男性平均初婚年龄比女性大1.4岁；美国白人家庭平均财富比黑人家庭多，白人的平均受教育程度比黑人高等等。

我们还要学会正确看待群体之间的差异。首先，要弄清楚为什么会存在这些差异。由于社会性别角色分工，传统家庭观念的影响，男性在工作竞争、家庭经济承担中的压力较大，容易有抽烟、喝酒等行为，再加上习惯于被要求表现得坚强、不能轻易发泄情绪，综合多种因素就导致男性的平均寿命比女性短。男性法定结婚年龄比女性长2岁，男性成熟一般比女子晚2岁左右，所以，男性平均初婚年龄比女性大。随着社会和婚姻形态的变化，晚婚晚育成为不可忽视的社会现象。这其中最突出的表现就是，女性的初婚年龄普遍推迟。从1619年贩卖进北美大陆的第一批黑奴开始，美国政府持续数百年对黑人的种族歧视是导致白人家庭平均比黑人富有，白人比黑人平均受教育程度更高的重要历史原因之一。

我们要正确地看待"群体特征"，特别是对"平均"这两个字的理解。"到了平均结婚年龄就都要结婚，那到了平均死亡年龄要集体去死吗？"电视剧《她们的名字》中霸道女总裁雷粒怼催婚的霸气名言，戏剧化地说明了群体平均值并不能代表群体成员的个人问题。就像虽然男性平均寿命比女性短，我们仍然可以看到不少百岁老人是男性。虽然婚姻中男性平均年龄比女性长，但现在姐弟恋已经十分常见，并且有愈加流行的趋势。虽然白人家庭平均财富比黑人多，现实生活中依然存在许多贫困的白人和富有的黑人。分清群体特征与个性问题，是我们认识世界、分析社会问题的关键前提之一。

1–12
社会排斥

导 语 ————————————

什么是社会排斥？我们会因哪些差异而感到被排斥？

社会排斥包括经济排斥、制度排斥、文化排斥、关系排斥等。

工作没有贵贱之分，消费并非越贵越合适，城市化加速户籍制度变革，实力是最好的人脉。身在自由、平等、公正、法治的新时代，我们可以一起奋斗向未来。

————————————————————

《我奋斗了18年才可以和你一起喝咖啡》，演员叶璇朗读的这封信引发了很多人的共鸣。不能选择的出身决定了这个世界没有绝对的公平。除了出身差异，社会生活中我们还可能会因其他方面的差异在有形或者无形中感受到被排斥、被不平等地对待。在社会学视角里，社会排斥主要有经济排斥、文化排斥、制度排斥、关系排斥等维度。

所谓经济排斥，大到人们在劳动力市场里因学历、体力、技能欠缺，甚至性别差异导致长期失业、临时或不安全就业；小到在消费者市场里，因囊中羞涩无法购买必需的产品或服务。随着我国生产力水平的提高，人民生活水平的提升，消费能力和体验带来的经济排斥越来越凸显。比如，站在顶级豪华商场外，虽没有规定不购买东西不能进入，但人们心理上总是容易不自觉地产生被排斥感。

所谓文化排斥，更多的时候体现在因受教育程度、学识差异带来的文化观念的不同导致一些人受到排斥，特别体现在很多组织对成员身份的限制上。比如，各大协会、各种俱乐部都有自己的会员准入条件。现在流行的985相亲群，要求进群的成员都具有985高校的学历。

所谓制度排斥，主要是指因制度性、政策性的规定在社会福利方面造成的排斥。大家比较熟知的有户籍制度，最明显的是北上广深一线大城市的户籍制度对外来人口在住房、医疗、教育等方面进行限制性规定。

所谓关系排斥，主要是个人或群体因社会地位被其他人或群体乃至整个社会疏离，从而受到社会接触、社会关系和群体身份的限制，进而可能导致被边缘化。比如，家庭出身带来的幼儿园、小学、初中同学圈层的差异很可能会进而影响成年后的社会关系，从而对个人的社会互动形成关系排斥。

工作只是社会分工不同，没有高低贵贱之分；消费并非贵的一定更好，各有喜好而已；城市化现代化导致人口流动加剧、户籍制度逐步变革；英雄莫问出处，实力是最好的人脉。生活在建构的社会中，我们或多或少总会因差异而感受到排斥。但生在自由、平等、公正、法治的新时代，我们可以一起奋斗向未来。

1-13

打破群体行为的匿名性

导 语 ══════════════

群体行为是对共同目标的欲望与情绪达成一致，并且加上某些成员的暗示和情绪渲染而形成。

因为匿名性，我们赖以控制自身行为的自我意识降低，再加上法不责众的错觉，人们就很容易做出平时不可能做出的疯狂之举。

辅导员重要性体现的特殊场景：学生如果发生群体性行为，可以让辅导员把自己的"娃"领回家。把握学生的基本情况和瞬时动态，是辅导员工作的基础。

我们曾经开玩笑说，辅导员重要性体现的一个特殊场景：如果发生学生游行、静坐、抗议等群体行为，遏制事态发展的第一反应肯定是找辅导员把各自的"娃"领回家。那大家知道这里面的逻辑是什么吗？社会学名词——群体行为可以帮助我们探究一二。

所谓群体行为，它是说，为了实现某个特定的目标，由两个或者更多的相互影响、相互作用、相互依赖的个体组成的人群集合体。需要特别关注的是，群体行为往往是对共同目标的欲望与情绪达成一致，并且加上某些成员的暗示和情绪渲染而形成的。而目标欲望与情绪渲染的性质又将决定群体行为对社会发展是起积极还是消极作用。比如，一般情况下，球迷聚集在一起观看球赛体现的是社会文化活动的丰富与体育精神的弘扬。但如果，球迷因比赛失利而陷入失控状态，出现扰乱治安、危害他人生命安全的疯狂举动，就会对社会稳定和发展造成严重的恶劣影响。

让辅导员把各自"娃"带回家的玩笑体现的是群体行为最重要的特征之一——匿名性的形成。也就是说，人们在正常情况下都是遵纪守法的，但是陷入疯狂的群体行为内，我们赖以控制自身行为的自我意识就会大大降低。因为觉得自己是匿名的，不会被认出来，可以不用对自己的行为负责，再加上法不责众的错觉，人们就容易做出平时不可能做出的疯狂之举。让辅导员从学生集聚现场，把自己的"娃"领回来，其实就是打破了群体行为的匿名性。一旦匿名性被打破，学生就会思考自己的行为是否会被追究调查，就会容易恢复理性思考。一旦人群恢复理性，群体行为就很容易自动瓦解。当然，辅导员能否在人群中迅速辨别出自己的学生，并且对学生拥有一定的威慑力就考验辅导员的平时功力了。做了六年高校辅导员的我最真切的感悟是，熟悉所带学生的全面情况、及时把握学生的动态，是做好立德树人、维护校园稳定工作的基础。

1-14

阶层固化

导 语 ⸺⸺⸺⸺⸺

社会分层指的是什么？

我国主要的社会分层方法有两大类：以职业分类为基础的十大阶层结构和上中下九大阶层结构。

寒门难出贵子？阶层固化对青年一代意味着什么？

我们无法精准衡量阶层流动的可能性，但可以拥有一颗努力奋斗的心。

⸺⸺⸺⸺⸺

社会分层是一个热门且重要的社会学研究课题，也是时常引起广泛关注的社会话题。所谓社会分层，是以一定的标准区分出来的社会集团及其成员在社会体系中的地位层次结构、社会等级秩序现象。它体现着社会成员、社会群体因社会资源占有不同而产生的社会不平等。在我国使用广泛的阶层结构有两种，一种是以职业分类为基础的十大社会阶层结构，分别是国家与社会管理者阶层、经理人员、私营企业主阶层、专业技术人员阶层、办事人员阶层、个体工商户阶层、商业服务人员、产业工人阶层、农业劳动者阶层、城乡的失业者和半失业者。另一种是把社会分为九个阶层，上中下三个大阶层。上层分为隐形的顶层、上层、中上层三个阶层；中层分成中产阶层、上层平民、中层平民、下层平民四个阶层；下层分成赤贫阶层、看不见的底层两个阶层。大家是不是已经忍不住对号入座，在心里默默计算自己属于哪一阶层呢？

与社会分层相伴相生的一个名词就是阶层流动，它指的是社会成员在社会结构中的地位、位置的变化，包括社会地位的上升或下降、社会位置的移进或移出。人们可以通过哪些方法实现阶层向上流动？美国普林斯顿大学教授、社会学家谢宇在南京大学举办的一场以"家庭背景、教育成就与社会流动：中国文化的作用"为主题的讲座中，探讨了家庭、教育对社会阶层流动的影响，并且通过跨国对比研究发现中国文化的特殊性。

相较于流动，阶层固化——各阶层之间流动受阻，越来越成为人们关注的热点，一时间"拼爹""官二代""富二代""星二代"与"贫二代""蚁族""躺平"现象相对而生。贫苦出身的企业家刘强东、俞敏洪都曾表示要感谢高考制度、感谢时代公平。教育公平是社会公平公正的重要基石，高考制度是少年通过寒窗苦读，改变自身命运，实现阶层流动的最重要最主要的途径。当然，俞敏洪也表示考入北大后更深切地体会到家庭背景不同带来的巨大差异。虽然我们无法彻底改变阶层固化的社会现象，也无法准确地衡量阶层流动的可能性，但可以拥有一颗不屈不挠、奋力向上的心，加油！

1-15

刻板印象

导 语 ————————

　　橄榄球、摔跤运动员性格暴躁？网球、高尔夫运动员绅士儒雅？

　　什么是刻板印象？什么是简化论错误？

　　刻板印象存在的意义是什么？

　　我们要对刻板印象保持警惕认知，进行可控使用。

　　　　　　　　　　　　　　　　　————————

　　说到运动员，很多人会觉得橄榄球、摔跤、格斗运动员性格暴躁，网球、高尔夫运动员则高端大气、绅士儒雅；提到网红，很多人脑中立马浮现锥子脸、垫鼻子、没文化的形象；提及老师、医生，往往感觉为人比较严肃古板。这些都是社会心理学经常讲到的刻板印象，主要是指人们对某个事物或物体形成的一种概括的固定的看法，并把这种观点或看法推而广之，认为这类事物或者整体都具有该特征，从而忽视个体差异。

社会刻板印象往往是犯了一种错误叫简化论。人们往往容易将原因或者结果归咎于当事人的性格等个体原因，忽视其所处的规则和环境。比如，橄榄球比赛规则原本就要求运动员要相互冲撞，所以一定程度的暴力性和冲突性是游戏规则所必需的。新兴的直播市场、网络环境缺乏更有效有力的管理规定，以博眼球、蹭流量为生存竞争法则，自然容易滋生假脸造作的网红。而对网红的刻板印象又会阻碍有学识的群体选择从事主播、直播工作，如此恶性循环导致网络直播环境持续不良。教师传道授业解惑，医生悬壶济世，岗位职责决定了他们必须治学严谨、行医谨慎，自然容易塑造教师、医生严肃古板的形象。其实生活中，不乏性格活泼、热情开朗的教师、医生。

事情往往具有两面性。刻板印象能够让我们对于许多具有共同之处的某类人在一定范围内进行迅速判断，不用探索信息，直接按照已形成的固定看法即可得出结论，简化了认知过程，节省了大量精力，有利于我们迅速了解大致情况和周围环境。因此，刻板印象有形成的合理性及使用的空间。

学习社会学正念，能够让我们更加清醒地认识到刻板印象对人类行为的控制与影响。当我们很容易被某个事件影响判断、很容易被某种情感所裹挟时，应当有意识地追问自己：这件事的真相究竟是什么？我是如何形成判断的？这其中有没有受到刻板印象的影响？总而言之，日常生活和工作中，我们要对刻板印象保持警惕认知，进行可控使用，防止简化论错误，时刻提醒自己保持判断和思维的独立性。

1-16
幸存者偏差效应

导 语

　　高校招办老师谈专业有王婆卖瓜的嫌疑，本专业出身的家长的专业建议有何看点？

　　轰炸机是保护机尾还是机翼更重要？

　　工作中，幸存者偏差效应容易引发方向性错误。

　　作为一名高校本科招办教师，经常会被问的一个话题就是"选什么专业比较好？"很明显，这里家长和考生关心的好，更多指的是就业好。有的是担心进了红牌专业不好找工作，也有的是担心进了金融、计算机等热门专业后竞争压力大。其实，高校教师，特别是招办老师讲专业，容易有"王婆卖瓜"的嫌疑。在招生咨询过程中，我觉得比较有意思的现象是，同一专业背景出生的家长对该专业的评价不尽相同。其中比较突出的现象有，很多医生觉得学习医学专业虽然辛苦但还是挺值得的，也有因为太辛苦坚决不建议小孩学医的；经商或者经济专业背景的家长很多并不愿意小孩学经济类；生物专业背景的家长更容易出现两极分化的现象，有的提到生物立马摇头，有的则千里来寻，对生物学情有独钟。针对这些有意思的现象，引发我们思考的问题是：为什么本专业出身的家长对于该专业建议的情感特别强烈？这其中蕴含了一个常见的社学心理学现象——幸存者偏差效应。

学理上，幸存者偏差效应是指当取得资讯的渠道仅来自幸存者时，此资讯可能会与实际情况存在偏差。由于人总是对自己的经历最熟悉，对自己的感受认同最强烈。因此，很容易放大自身发展结果与专业间的关系，从而形成强烈的情感建议。生活中类似的现象还有，如果自己怀孕了，感觉大街上小孩特别多，怀孕的妈妈也很多。如果自己婚姻不幸福，就感觉周围婚姻不美满的人比较多。

1941年，第二次世界大战中，遭受攻击后返回营地的联军轰炸机数据表明：机翼是最容易被击中的位置，因此军方认为应该加强机翼的防护。但统计学家沃德教授认为：统计的样本只涵盖平安返回的轰炸机。并非是机尾不易被击中，而是因为机尾被击中的飞机早已无法返航。寥寥几架返航的飞机都依赖相同的救命稻草——机尾尚好。因此，他坚持认为：为了增强轰炸机的安全性应该强化机尾的防护。最终，战争的结果证明了沃德教授的决策是正确的。

与生活中的自我感受相比，工作中的幸存者偏差效应更容易引发方向性或者决策性失误，值得我们重视。在进行工作调研前，我们应该充分考虑调研对象的选取，让调研对象的选择尽可能做到充分又互斥。充分是确保调研对象能够代表全面，互斥则是能够提高调研的效率。

1-17

财富的集聚效应

导 语

什么是马太效应？什么是财富的二八定律？

面对财富的优势累积效应：国家层面要建立初次分配、再分配、三次分配的协调配置，实现共同富裕；个人层面要重视第一桶金的挖掘，树立正确的金钱观，提高对商机的敏锐度。

能在风口起飞的一定不是普通的猪，而是猪猪侠。

都说，最快的挣钱方式是钱生钱。富人挣钱很容易，穷人要靠勤劳致富则相对缓慢艰难。这体现了社会学、经济学里经常出现的马太效应，是一种强者愈强、弱者愈弱现象，反映在经济层面就会出现富的更富、穷的更穷的两极分化现象，出现20%的富人掌握80%社会财富的二八定律。就整个社会来看，任何个人、群体或地区，在某一个方面获得成功和进步，优势往往就会递进积累。比如，一个人如果获得了一定的财富，会进一步转化为生活保障、受教育机会、政治权利、信息资源、人脉圈层等方面的优势，而这些又会反过来增强他创造财富的能力。一开始就缺乏财富、学识、资讯等关键资源的人，由于资源有限性的限制，想要获得资源与成功就变得更加困难。

对于客观存在的财富的集聚性，我们无法以好坏评判它的存在，更多的是要思考如何进一步了解并使用这一效应。于国家层面，我国社会主义初级阶段坚持实施以按劳分配为主体、多种分配方式并存的分配制度。在新时代强调共同富裕，坚持在发展中保障和改善民生，扎实推进基本公共服务均等化，构建初次分配、再分配、三次分配协调配套的基础性制度安排，鼓励先富带动后富，通过共同奋斗，实现共同富裕。

于个人层面，我们要重视"第一桶金"的挖掘。对于普通出身的人们，读书绝对是最便捷最可靠地获得"第一桶金"的方式。当然，努力读书更应树立远大的志向，将自我价值与社会价值的实现相结合，为建设社会主义现代化强国贡献自己的力量。此外，我们还要注重开源节流，一方面要树立正确的金钱观、储蓄观，"好钢用在刀刃上"，勤俭持家。另一方面，要开拓视野、提升格局、把握商机。有句话叫"站在风口上的猪都能起飞"，那么风口在哪里？什么时候站过去收益最高？要在那熬多久才能等到风来？这些就不是普通的猪脑袋能够敏锐捕捉到的。所以，能起飞的一定不是普通的猪，而是猪猪侠。

1-18

市场上的痛点和痒点

导 语 ─────────────

　　全国互联网＋优秀创业导师聊社会学视角下的创新创业。

　　什么是市场的痛点和痒点？

　　爱她，就请她吃哈根达斯；戴森仿佛是精致高贵女人的标配。

　　如何让他人去做你想让他做的事情？让他人感受到你能满足他的需要。前提是你要准确地认知他人的需要。

─────────────

　　作为全国互联网＋优秀创业导师，我陪伴大学生团队参加各类创新创业大赛，并多次斩获国家金奖，结合这些参赛经验，我们来聊一聊对于一个创业项目而言最核心的话题：你凭什么挣钱？对经济理论知识有一定了解的人都明白，要回答好这个问题，最关键的是你要弄明白你产品或服务针对的市场痛点或痒点是什么。

所谓痛点，就是你针对的是市场上哪一些未被满足的需求。从古到今，数千年的商业行为已经填补了太多市场需求。至今有待被发现、未被满足的处女地必然对技术、资金、管理等方面存在极高的要求，特别是在技术革新方面。比如，拥有旺盛市场潜力的新能源汽车、无人驾驶汽车，拥有自主核心技术的芯片制造等项目。当然，这类项目是一般的大学生创业团队可望而不可及的。这种高精尖的项目如果来自高校，也基本都是著名科学家团队的研究项目。

既然商业处女地高不可攀，很多时候，我们针对的是市场的痒点，也就是针对消费者的某种消费情绪需求，刺激消费冲动。比如，同样是冰淇淋，"爱她，就请她吃哈根达斯"；同样是咖啡，星巴克就曾是小资生活的标志；同样是吹风机，戴森仿佛是精致高贵女人的标配。产品或服务找准自己的目标消费群体和品牌定位，以某方面突出的消费体验形成我们所说的品牌效应。这是绝大部分商家采用的成功之路。

在"大众创新、万众创业"的浪潮中，大家有没有冲动投身创业大军呢？经济学和社会学很多时候不分家，与产品或服务满足市场需求一样，社会学视角里，我们要让他人去做你想要让他完成的事情，最通用的方法就是让他人感受到你能满足他的需要。首先，你要准确地认知他人的需要。马斯洛需要层次理论把人类需要分为生理、安全、社交、尊重和自我实现五个不同层次的需要。事实上，即使是同一层次的需要，由于出身背景、个人经历的不同，每个人的需要也不尽相同。只有准确判断，找准需要，我们才能真正想他人所想、急他人所难、给他人所爱，也才能实现与他人的合作。社会互动才能够有效进行。

1-19
工作的边际利益

导语

什么是边际效益？什么是工作的边际利益？

一个系统的可持续性很大程度上取决于它如何满足成员的物质需求。

积极应用：系统要努力创建橄榄球型的生产资料分配方式；

消极影响：成员只顾埋头拉车，系统容易故步自封，活性下降，走向边缘。

个人应该树立正确职业观，提高眼界格局，注重技能提升。

边际效益是大家比较熟悉的一个经济学概念，它指的是，市场中的经济体为追求最大的利润，多次进行扩大生产到一个临界点后，以后的每一次投资所产生的效益都会较上一次投资产生的效益少，这种效益减少的现象就叫边际效益。在社会学中，有个类似的名词叫边际利益，它指的是，我们为了保障生活，在获得一定的事业认可和社会尊重后，就会尽可能只完成岗位职责所规定的工作，不太关注工作所产生的更大的影响，以维持自己工作上的边际利益。

就公司或系统的领导者而言，用边际利益让员工只限于从工作和如何维持一天生活的角度去思考问题、度过人生，有利于维持维持系统的正常运行。一个系统的可持续性，很大程度上在于它如何很好地满足大多数人的物质需求，这要比它的道德性、合法性更能决定它的命运。历史上爆发的革命动乱，往往都伴随着人民基础生活难以为继的现象。通常只要民众能够勉强度日，都不容易爆发社会性动荡。边际利益给我们的积极启示在于，系统要注重自身生产力的发展，并且建立更加科学合理的橄榄球型的生产资料分配方式，让大部分成员能够在系统运行中丰衣足食、安居乐业，从而实现长治久安、稳定发展。因此，社会主义的本质要求和奋斗目标是实现共同富裕。

然而，边际利益在工作中也可能会引发一定的风险。放任过于看重边际利益的氛围在系统中蔓延，会导致成员只顾埋头拉车、不再抬头看路，只看脚下之路，不再仰望星空。久而久之，必然会导致整个系统故步自封、组织活性下降，缺乏创造力和拼搏劲，在日新月异、充满变局的时代浪潮中可能会逐步走向衰败的边缘。

对于个体而言，特别是处在体力与智力发展高峰期的青年，应该树立正确的职业观，防止陷入边际利益的温柔陷阱，勇于走出舒适圈，更关注工作的发展潜力与社会价值，在不断提升自身职业技能的同时，更注重开阔视野、提高格局。真正做到不忘初心，努力追求自我价值与社会价值的共同实现。

1-20

人职匹配

导 语 ————————————

是职业塑造人的性格，还是人的特质决定所选的工作？

就业指导课老师聊"人职匹配"：了解自己，注意他人评价与自我评价的差异；了解工作，做好职业生涯人物（不同职级、年资）访谈。

正视我们与工作的缘分，尽可能实现"人职匹配"。

作为一名就业指导课的任课老师，"人职匹配"一定是绕不过去的话题。不同个体有不同的个性特征，而每一种职业对工作者的能力、知识、技能、性格、气质、心理素质等要求也不同。所以，不管是求职者还是招聘者都希望能够实现人的个性特征与职业性质相匹配。从社会学视角看来，这体现了一种"职场模式"，即从事类似工作的人往往具有相似的人格特征。那进一步追问模式产生的原因，到底是工作塑造了人们的个性，还是人们的个性决定了最终从事的工作？要得出有依据的结果，可以围绕主题设计问卷，进行一定规模的问卷调查，也可以采用个案访谈的方式，访问有代表性的职场人物，进行定性研究。当然，对于此类"蛋生鸡，还是鸡生蛋"的问题，我们很难从相互验证的结果中得出确切的结论。

虽然无法科学判断到底是职业决定性格还是性格选择职业，但并不妨碍我们在求职以及职业发展过程中尽可能追求人职匹配的状态。在指导学生求职的过程中，为了实现人职匹配，我会建议他们先做两项关键性的前期准备工作：了解自己和了解工作。了解自己可是说是我们的终身课题，因为不同阶段不同状态的我们都会发生变化。我们永远都在不断探索、了解自己的道路上。都说自我认知和评价是主观的，这里我想提供一个有利于大家更辩证更全面地认识自己的小贴士：去问问家人、最好的朋友、老师、同学对你的性格和职业技能的评价，记录下来，然后静静地思考，看看自我评价与他人评价是否有差异，并且思考差异可能形成的原因。与了解自我相对应的是了解工作，最直接的方式就是找到实际在该行业工作的人进行生涯人物访谈，最好能够访谈职级、年资、背景、分工不同的人，特别是从该行业退出的人的心声。从入职条件、薪酬水平、职业发展空间等多方面去深入地了解该行业的真实情况。

完成这两项工作后，我相信大家对自己是否适合目标工作已经心中有谱。需要友情提醒的是，求职过程中除了追求人职匹配，缘分同样也很重要，特别是对初次求职的大学生来说。可能你非常合适的岗位在你毕业的年份不招人。也许一开始你并未青睐的岗位，入职后会给你意外之喜。

2

第二章

解析制度

2-1
在自然中看社会

导 语 ————————————

　　什么是自然的社会性？什么是社会的自然性？

　　每个人眼中的大自然都不一样。大自然不仅仅是物理形式的存在，更取决于人们想要实现的目的。

　　看似自然，看似野生的产物，也是人类与环境互动的记录。

　　我们要养成一种关于我们是如何与自然联系在一起的常识性思维方式。

———————————————————

　　"绿水青山就是金山银山。"大自然孕育了人类，赐予我们资源。祖国的名山大川、小桥流水带给人们生命释放的美好感受。从小就"宅"、不喜出门的我是留校担任生命科学学院辅导员后，有机会带着学生去参加野外实习，走进保护区。空灵神秘的远古森林、飞天直下的悬崖瀑布震撼了我，也让我逐渐爱上了大自然。印象深刻的是，有次在农家歇脚，村民感慨，"这里要是被开发就好了，我们的生活就能够改善了"。

从大家对保护区有爱有怨中不难看出，每个人眼中的大自然都不一样。大海对于游客是自由的美好象征，对于渔民来说是经济来源，对于野生动物保护者是使命信仰的体现。大自然对于我们而言，不仅仅是土壤、矿物、山丘、动物、植物等物理形式的存在，更取决于我们想要实现的目的。

不能时时欣赏名山大川，人们往往喜欢寄情摆弄花草。在阳台上、院子里铺上青青小草，种上各式花卉，安上假山水池。于是，一片春意盎然、生机勃勃也自成风景。但不管看起来如何自然，总是不免人工的痕迹，是人类强烈的干预所塑造的。就连我们为什么喜欢摆弄花草、建构自然，也是源自后天习得的文化观念。人们总是觉得天然的比人工创造的东西更纯净、更高贵。

社会学正念里，自然虽然是独立的物理实体，但它无时无刻不在影响着我们，就像人类也始终在改变自然一样。我们要养成一种关于人类是如何与自然联系在一起的常识性思维方式，学会了解自然的社会性是什么以及社会的自然性是什么。

2-2

社会模式

导 语 ────────────

　　渣男的套路一二三，防渣的方法四五六，驾驭男生的秘诀七八九。

　　情感套路也是一种情感模式。

　　社会按照很多显而易见或者深藏不露的模式运行。

　　从学生时代发问卷、填问卷，到现在帮忙指导问卷设计，社会调查方法越来越为更多领域更多场景使用。

　　　　　　　　　　　　　　────────────

　　情感类博主很容易说，"渣男"的套路深，"渣男"的套路千千万万，然后根据上百上千个案例总结出渣男的套路一二三，"防渣"的方法四五六，驾驭男生的秘诀七八九。虽然，我也经常刷到，但作为一个犀利清醒的女生，我要用社会学的视角带大家看看所谓的"渣男"套路。其实套路就是一种模式，是人们一次又一次以相同或者类似的方式一起做事。"渣男"套路也是一种情感模式。除了情感套路、情感模式，我们社会按照很多显而易见或者深藏不露的模式运行。

大家早起上班，下班回家，日复一日、周而复始，父母抚养小孩，子女赡养老人，这些是生活中显而易见的模式。而房价涨跌与银行利率间的关系、人口数量于社会经济发展的影响、人才流动对于地区发展的作用，这些模式如果不是细心观察、专业调查、认真研究就很难看清看透，甚至还有一些普通人难以接触的隐秘高深的模式。

都说，看问题要看本质，要把握事物发展的规律，也就是说我们要学会探究社会运行的模式。所以，社会调查方法这些年就越来越为更多领域更多场景使用。本科与硕士阶段学习社会学的我，从学生时代发问卷、填问卷，到现在帮忙指导问卷设计，十多年来真切地感受到社会调查方法确实越来越火。除了问卷调查，个案研究、口述史研究这些质性研究方法在生活和工作中也应用广泛。情感类博主在总结"渣男手册"时，都会表示是在做了成百上千的案例分析的基础上得出的。

2-3

读懂社会的透视镜——标志

导 语

标志性事物、习俗或事件意味着什么？联系着什么？影响着什么？

我们习惯的做事方式编码了我们重视什么、害怕什么的信息。

社会是复杂的，标志与相关事物间的联系虚虚实实、真真假假、弯弯绕绕。

央行新一轮"降准降息"给持续低迷的房市带来利好，很多人觉得买房的时机又到了。对经济敏感的人认为这是疫情后我国经济整体复苏、市场回暖的信号。与"降准降息"对于房市和市场的标志作用相似，生活中我们通常把房子、汽车、衣服等作为一个人财富的标志，把一个人的行为作为其性格的标志。读懂这些标志，有助于我们了解它在社会运作方式中与其他事物间的联系。我们要学着经常询问：这些事物、习俗或事件意味着什么？联系着什么？影响着什么？

在社会发展领域，人类的组织行为也是一种标志。从社会心理学意味上来说，我们习惯的做事方式编码了我们重视什么、害怕什么的信息。比如，2022年中央一号文件《中共中央 国务院关于做好2022年全面推进乡村振兴重点工作的意见》发布，这是21世纪以来第19个指导"三农"工作的中央一号文件，充分体现了我国对农民、农村、农业工作的重视。

再以我们的教育方式为例。著名的"钱学森之问"——为什么我们的学校总是培养不出杰出人才？仍然需要整个教育界乃至社会各界共同努力。事实上，我们习惯给每个学生打分，要求学生遵纪守法、好好学习，按照规定的课表上课，接受制度的安排和权威的答案。所以，我们仿佛是在培养一个有竞争力的流水线上标准化的工人。这与我们所强调的重视学生的创新能力、独立思考和批判性思维的能力是否一致呢？注重培养学生兴趣、发掘学生潜力，深入推进招生考试制度综合改革之路任重道远。

社会是复杂的，标志与相关事物间的联系也是虚虚实实、真真假假、弯弯绕绕。社会学正念将为我们带上读懂标志的透视镜，一起去发现社会中有趣而复杂的联系。

2-4

警惕物化，积极发挥主观能动性

导 语

计算机技术物化意味着什么？

人工智能能够替代人类工作吗？

科技是第一生产力，必须依靠人才基础。

物化会让我们对世界失去控制而产生无力感，只能随波逐流。

随着物联网技术迅猛发展，人工智能技术浪潮愈演愈烈，计算机技术成为当今社会经济变革的主要推动力。人工智能替代人类工作的社会担忧逐步发酵。于是乎，人们容易产生计算机技术有一种独立于人类意志的错觉，也就是计算机技术物化了。所谓物化，就是把技术本身当成一种力量去谈论，看不到创造、选择、使用技术的人。

人们对市场的通货膨胀习以为常、无力抗拒，更多地想到的是如何投资保值。但其实市场是人类社会的一种组织形式，通货膨胀是许多人共同实施经济行为的结果。这是将市场、将通货膨胀物化的表现。

物化是我们看不到，技术产生力量源自人们选择以某种方式一起做事。把计算机技术拆开来看，它不过是一堆金属和塑料。如何制造、组装、使用这些材料使其发挥工具的作用是由人的主观能动性决定的。在社会治理和发展领域，强烈的物化趋势将导致人们很难看出事情是在哪里以及由谁怎么做出决定的，使我们看不到谁在对谁做什么、如何这样做以及会导致什么样的后果。从而进一步导致，社会很难让人们对其行为产生的结果负责，容易为一些有权势的人隐藏他们的卑鄙行为提供遮羞布，甩锅给事物、机制和规律。

当我们为技术、市场、制度、结构、趋势等抽象事物赋予绝对的力量，物化就会让我们因对人类世界失去控制而产生无力感，只能随波逐流。因此，科学技术是第一生产力，它建立在人才竞争的基础上。我们应当警惕物化，时刻铭记发挥主观能动性和集体力量，以一种更好的方式去塑造世界。因为，当下的社会仅仅是众多可能性之一。

2-5

正义测试

导 语

如果公平正义在你手上，你会如何做？一起来做"正义测试"。

人总是不自觉地为自己所在的社会地位辩护。

正义测试鼓励我们去思考、讨论正义，鼓励我们去思考什么样的社会安排能够尽可能为每个人带来更好的结果。

今天我们来做一个令人有点激动的思想练习，叫作"正义测试"。假定地球毁灭了，我们到了一个新的星球，要开始创建一个新社会。而你被安排了一项神圣的工作，就是制定这个新社会赖以运转的分配原则。你需要执行以下操作：

1. 制定一条或多条规则，决定每个人在这个新社会中可以获得多少财富。

2. 制定一条或多条规则，决定每个人必须为这个新社会做出什么样的贡献。

3. 展示你制定的规则将会如何最大限度地实现正义和平等。

公平正义在你手上。这个任务是不是颇有难度？做好这个思想练习的前提是，你必须从现有的制度框架、分配原则中跳脱出来。社会学正念里，人总是不自觉地为自己所在的社会地位辩护。特别是因种族、性别、制度而享有特权的人们，通常会想办法证明，他们所拥有地位、财富和权力是通过公平开放竞争而来的。只有彻底忘了你此刻在现有社会中的地位、财富、权力，你才可以更好地去思考、去创造更加公平更加正义的分配原则。

这里分享一下我想到的三个分配原则：第一，每个人所得到的财富必须与他们对社会的贡献成正比；第二，人人可以平等享有社会集体财富；第三，每个人都可以过上体面的生活。这样的社会是不是令人向往？我想不一定。现实社会中的特权者可能就不乐意，因为这剥夺了产生不平等和特权的空间。

"正义测试"鼓励我们去思考、讨论正义，鼓励我们去思考如何确保我们制定的政策、规则、原则在什么样的条件下产生预期的结果，鼓励我们去思考什么样的社会安排能够尽可能为每个人带来更好的结果。

2-6

我奋斗了18年，
才可以和你坐在一起喝咖啡

导 语

我奋斗了18年，才和你一起喝咖啡。

地道农村出身的刘强东、俞敏洪的奋斗史激励着青年。

我们无法选择出身，公平是相对的。这并不可怕，可怕的是对不公平视而不见。

让我们对承担了先天性不公平的少年多些耐心与鼓励。

"我的白领朋友，如果我是一个初中还没毕业就来上海打工的民工，你会和我坐在一起喝咖啡吗？你不会，我从生下来的那一刻起就跟你不一样，我是农村户口。你可能会说，农村有什么不好，干嘛非要到城市里来？农村里空气新鲜，比城市里那么拥挤好多了，可是农村没有那么好的医疗条件，农村人挣的钱少，东西稍微贵一点儿我们就买不起了。所以我要努力奋斗，我要进城。"演员叶璇朗读的《我奋斗了18年，才和你坐在一起喝咖啡》让很多人，特别是穷苦出身、历经奋斗、实现阶层流动的中年一代感触颇深。正如地道农村出身的刘强东和俞敏洪的奋斗史也激励着青年一代。

当我们对口音浓重、衣着老土、动作粗鲁、囊中羞涩的乡下人礼貌远离，甚至略显嫌弃时，当我们指责他们不够勤奋、不够聪明、不够自律时，可否多些社会学正念。想要理解他人在特定背景下的行为，就要了解他们是在怎样一个环境里养成的生存习惯。出生在资源匮乏、求生艰难的环境里，人们只能选择争强好胜、争取一线希望，否则就只能随波逐流、贫穷一生。不是说贫穷不好，但想要改善生活、实现自我的心没有错，不断努力、弥补先天不足的奋斗精神值得点赞。正如麦子那封信所说，"我们无法选择出生的环境，这个世界公平是相对的，这没什么可怕，真正可怕的是对不公平视而不见"。愿我们都能对承担了先天性不公平的少年多些耐心与鼓励，让爱如阳光般普照大地、照亮少年的奋斗征程。

2-7

从百元大钞聊共同信念

导 语 ================

　　想要百元大钞值钱，人们必须创造并且分享金钱可以带来力量的共同信念。

　　共同信念体现在生活的方方面面，文凭的市场价值与战争的宣传动员皆是如此。

　　社会中的每个存在都因人们共同接受并付诸行动的观念使然。

　　大家有没有觉得，现在100元钱到超市可以买到的东西，比以前少了很多？买不了啥了，通货膨胀了。但不管怎样，我们都爱百元大钞。什么原因呢？政治课本告诉我们，因为它是一般等价物，充当了货币的功能。通俗来讲，是因为人们都相信它可以换来自己想要的东西或服务。从社会学意味看来，想要百元大钞值钱，人们必须创造并且分享金钱可以带来力量的共同信念。试想一下，如果人人都像坚守深山支教十年的袁辉学长，那百元大钞将失色不少。

共同信念体现在生活的方方面面。比如，你已经拿到或者即将拿到的文凭为什么能够作为找工作时的敲门砖？仅仅是一纸文凭并不能说明什么。单位愿意雇佣你，是因为相信在获得这张文凭的过程中你具备了相应的技能和习惯。如果单位不再相信这一点，文凭在社会上就会变得一文不值。

如果没有共同信念，战争就不会发生。为了让战争发生，一个国家的人民必须相信：另一个国家或者地区对于他们来说存在严重的威胁，并且没有和平解决冲突的方法。当这些信念被清晰地表述并且形成广泛认同，让人震惊的战争就会发生了。事实上，涉及数百万人的战争过去发生过，当下正在发生，未来仍可能发生。

空谈误国，实干兴邦。在强调实用主义的今天，观念的力量往往容易被忽视。上述有关金钱、文凭和战争的事例都说明，社会中的每个存在都因人们共同接受并付诸行动的观念使然。

2-8
所有的事件都是偶然

导 语 ——————————

　　这个世界没有无缘无故的爱，还是爱不需要理由？

　　社会学视角，所有的解释都不可能完整且真实。

　　所有事件都是偶然的，各种条件在一定时间以一定的方式结合在一起，促使事情发生。

　　我们要避免相信单一原因，深入思考环境和行动的结合。

　　　　　　　　　　　　　　———————————

　　都说"这个世界没有无缘无故的爱""事出必有因""空穴不来风"，但很多时候，我们又会说"爱一个人，不需要理由"，或者将解释不清楚、不想解释的分手理由归纳为"你太好了，我配不上你"。是不是很神奇？从社会学视角来看，我们在理解这个社会世界的时候，总是不断在尝试分析事件、行为或者模式产生的原因，从而让我们感觉对这个世界更加可预测可控制。

　　我们应当意识到所有的解释都不可能完整且真实，小到你今天早餐为什么会选择吃包子，大到面试失败的原因。选择吃包子，最直接的解释可能是家里就只剩下包子，但是仔细追问，你还可以有购买别的早点或者到早餐店用餐等等很多可能性。有时候我们所谓的别无选择，只不过是将大部分条件或原因视为理所当然，自动忽视了。再说，没有拿到工作岗位的原因，你的理解可能有自己准备不够充分、能力还没有达到或者跟面试官没有眼缘，但仔细想想，有没有可能它本来就是个萝卜坑？有没有可能这个岗位临时有了别的安排？或者临时更换了面试官，也许如果是原来的面试官面试你，结果可能会不同。

　　说到这，你是不是要感慨，一切皆是天意。所有事件并非某个单一原因的结果，而是一系列原因的结果。也就是说，所有的事件都是偶然的。各种条件在一定的时间以一定的方式结合在一起，促使事情的发生。社会学正念提醒我们，由于经历、认知、处境等等的限制，我们要学会避免匆忙确定某个单一的原因，而是要试着去深入思考，事件是如何从环境和行动的结合中产生的。

2-9

霸权主义是怎么来的?

导 语 ━━━━━━━━━━━

如何看待美国的霸权主义和强权主义?

中国为何一方面被压制,一方面又被无视?

群体间的不平等势必影响群体间为了了解彼此所做的努力。

权力的代价容易产生无知——对自己与他人的无知。

当中国走向世界舞台中央,习惯不平等认知的美国不淡定了。

　　工作中当你委屈地向领导解释时,特别是如果事关其他人或者集体的时候,往往得到的答复可能是"这事该你管吗?谁关心你怎么想的?"如果想要获得重视和晋升,你需要认真揣摩领导的心思,做领导关心和在意的工作。因为,领导手里拥有更大的权力，比起领导在意下属，下属更有动力去研究领导。从社会学权力与知识的视角来看，如果群体之间存在不平等，那必然会影响群体成员之间的相互了解以及他们为了了解彼此付出的努力。通常，更为强大的一方对于相对弱小的群体知之甚少。这或许可以帮助我们把西方霸权主义和强权主义看得更加通透一点。

美国的霸权主义者和强权主义者在散布中国威胁论的同时，时不时悍然侵犯中国的主权和领土完整以及正当的国际利益。即使到如今，在部分西方人眼中中国仍然是一个落后、没有人权的国家，可以从一些境外媒体的舆论基调中窥见一斑。中国为何一方面受美国压制，一方面又被无视呢？我想，主要源于美国已经习惯作为全世界最大的经济、科技、军事力量，美国人已经习惯可以忽视其他国家的想法。因为，权力的代价容易产生无知——不了解自己和他人。随着改革开放，取得翻天覆地、举世瞩目发展成就的中国正昂首阔步走向世界舞台中央，美国人不淡定了。因为他习惯的不平等关系受到了挑战，习惯的不对等认知显得无知。

不平等关系也是一种相互依存的关系。一个人、一个国家所获得的认知很大程度上取决于他们所处的群体和位置以及如何与其他位置的群体进行合作和竞争。让我们更加正视国际时局变化与单位权力体制的本质，奔跑在持续奋斗的道路上。

2-10
美国堕胎方案：
道德与法理间的两难

导 语 ─────────

推翻"罗伊诉韦德案"意味着什么？

失去堕胎权，女性将面临什么？

不同的价值观会导致不同的结论。

让我们抛开喜欢与否，带着超然的态度审视社会如何运转。

─────────────

美国联邦最高法院推翻"罗伊诉韦德案"，取消宪法赋予的堕胎权，将堕胎合法化问题交由各州自行处理。一时间，轰动全美，也成为世界舆论的焦点。女性的堕胎权意味什么？失去堕胎权，她们会面临什么？

反对堕胎合法化者认为，胎儿是未出生的孩子，所以堕胎类似于谋杀。支持堕胎法化者认为，胎儿要能够在子宫外存活才是独立个体。堕胎是女性对其身体和生活行使自主权的一种权利。这两大主流观念主要是在生命形成的生理界定基础上形成的道德和情感上的差异。实际生活中，如果我们放眼整个社会的运行方式，我们就不难发现，这里还暗含其他的利害关系。

首先，限制堕胎将进一步加剧家庭和职场中的性别歧视。限制堕胎将进一步强化作为母亲是女性最重要的角色，意味着家庭关系中女性承担着更主要的职能。同时，如果女性缺乏自主决定生育或者照顾孩子的自由，客观上将会妨碍其事业发展。用人单位也会在雇佣、晋升女性上存在更多担忧。

其次，如果女性无法安全地合法堕胎，她们就只能选择那些不安全的条件和途径堕胎，从而可能遭受受伤、甚至死亡的危险。限制堕胎实际也是一种忽视女性健康与安全的规定。

不同价值观会导致不同的结论。指出限制堕胎包含的利害关系并非要得出"堕胎是正确的"结论，而是让我们试着在道德情感外，抛开喜欢与否，从行为及其后果之间的联系出发，带着某种超然的态度来审视社会世界是如何运作的。

2-11

学会从更大的视角去看待事物

导 语

　　我们不是生活在和平的年代，而是生活在被守护着的和平国家。

　　疫情防控和强大国防说明了"五位一体"总体布局的重要性。

　　没有英国的福利制度，哈利·波特就不会诞生。

　　让我们学着从更大的视角去看待事物、看待世界。

　　"为中华之崛起而读书"从小就激励着我们发愤图强、报效祖国。由于基础教育阶段学业、考试压力过重，高等教育缺乏系统科学的教育引导体系，在"好好学习，天天向上"的道路上，很多同学对"家事国事天下事事事关心"的嘱托践行不足。全媒体时代，各方各种各类信息充斥大千世界。但大部分人仍只关注于自己的一亩三分地，一部分好奇宝宝由于缺乏正确引导、缺乏分辨信息的能力容易沦为被利用的"键盘侠"。今天，我们试着从社会学正念出发，学习从更大的视角去看待事物。

第一步，跳出小框框，打开全触角。2020年初起肆虐全球的新冠疫情，让我们在行动受限的同时真切地感受到什么叫息息与共。不自觉中你已经习惯去关注国内外的疫情动态。俄乌冲突等紧张的局势让我们再次深切感受到，我们不是生活在和平的年代，而是生活在被守护着的和平的国家。疫情防控、时局动荡也通过对就业、油价、菜价等生活方方面面的影响，让我们更加真实地懂得"五位一体"总体布局的重要性和必要性。

第二步，要就事论事，要有关系的视角。守护岁月静好，疫情防控、强大国防都离不开税收，离不开国家财政支出。同一时空下税收总额是一定的，防疫和国防除了对时局稳定有重大影响外，对经济格局与关系的影响更加关键。记得我的老师曾经说过，"如果没有英国的福利制度，哈利·波特就不会诞生"。因为经济窘迫的单亲妈妈 J. K. 罗琳是靠着政府救济金度过了艰难写作的那几年。其实，仔细想想我们身边的任何一个人任何一件事都不是孤立存在的。在能量守恒、时空特定的基础上，我们要学着从更大的视角去看待事物、看待世界。

2-12

从三大主义者看政治标签化

导 语 ——————————————

什么是保守主义？什么是自由主义？什么是激进主义？

政治标签并不重要，重要的是分类是否基于可靠的证据和严谨的思考。

——————————————————

美国众议长佩洛西访台，此举严重危害中国主权和领土完整，严重破坏中美关系的政治基础，并且将进一步导致台海局势的紧张升级。大家在了解时事新闻时，是不是也会跟我一样，会不自觉地通过政党的名称来判断政治家的政治立场。仿佛贴上一个标签，我们就能够理解得更加到位，沟通得更加顺畅。是否也存在不少人跟我一样，只是惯性随意地使用这些标签，对于政治上三大主义的定义并没有确切的了解。今天，我们来一起了解一下。

在经典政治理论中，保守主义者认为，传统是人类所积累智慧的体现。因此，保守主义者相信，我们应该保护现有的社会安排。自由主义者认为，我们应该利用人类理性的力量来不断改善社会，不断改进社会机制。激进主义者聚焦于分析事物根源，寻找根植于人类社会的组织方式。

举个例子，一个学校很多学生在校表现不佳。保守主义者认为问题不应该出在学校身上。学校教育方法是多年成功经验的积累，我们可以鼓励学生们再努力些。自由主义者认为，学校要适应社会日新月异的变化，更新教育资源、改进教学方法。激进主义者说，资本主义社会学校存在的真正目的是强化和维护不平等，指望学校反其道而行之，未免太过天真。只有通过观察周围社会的基本特征，包括种族和阶级情况，才可能真正解决问题。

就保守、自由、激进三种主义而言，贴上的标签并不重要，重要的是分类是否基于可靠的证据和严谨的思考。

2-13

权力的艺术：谁有权来开会

导 语 ━━━━━━━━━━━━━━━━━

规则是怎么形成的？聊一聊规则背后权力的艺术

小到着装要求，大到毕业去向，规则限制人们的选择。

如何减少人们的被限制感，让规则显得中立且客观？

一是，成立一个相关责任机构，确定哪些人有权力来开会。

二是，为规则的质疑提供意见反馈的畅通渠道。

━━━━━━━━━━━━━━━

"没有规矩，不成方圆。"大多时候，我们生活在一个秩序井然、规则分明的世界。规则告诉我们哪些能干、哪些不能干、哪些应该这样干、哪些应该那样干。所以，遵纪守法是底线、克己奉公是原则。今天，我们从社会学的视角跳出制度框架的范畴，聊一聊规则是怎么形成的，进一步思考规则背后权力的艺术。

"明天的会议特别重要，请大家着正装出席。上衣需为白色等浅色系，下衣为黑色等深色系。""定向委培的学生，毕业后需按规定到指定单位服务满5年。"小到重要活动的着装规定，大到特殊类型学生的毕业去向规定，规则很多时候体现在对人们选择行为的限制上。如何让选择被限的人们减少被控制感，避免引发叛逆、甚至愤怒，是保障规则被有效执行、权力长期合法运行的重要基础。为此，在制定规则时，我们就要让它尽量显得中立和客观，成立一个相关责任机构，给人以规则"在那里"的感觉，从而让人们不再聚焦如何、为何以及为谁制定规则，转而思考自己是否要服从规则。

但事实是，"在那里"的规则很大程度上在由哪些人以什么形式组成责任机构时就已经决定了它的目的和性质。规则制定者为了实现制定规则的目的和性质，会挑选那些认同这些目标的人，并让他们做出与规则制定者相同的选择，特别会注意将对规定目标和性质存在质疑与挑战的人们排斥在外。同时，允许人们对规定或制度提出合理性质疑，并给出畅通的意见表达和申诉途径，也是运行权力的明智之举。

2-14

从学生会剖析权力的合法性

导　语

　　我们经历的第一个真正意义上的科层制组织 —— 学生会。

　　意见决策、主席换届等流程体现科层制的运行机制与权力的合法性来源。

　　任何权力都非空中楼阁，必然产生于社会生活。权力的合法性取决于一起做事的人们及其共同信念。

　　学生时代除了丰富多彩的学生活动、自娱自乐的团建活动，我们还会经历第一个真正意义上的科层制组织。从普通部员、部长副部长、再到可能的主席副主席。随着每个阶段职位名称的变化，特别是在中国传统"官本位"思想的影响下，我们就会或多或少的感受到科层制带来的权力的力量。今天，我们通过两个学生会情境来聊聊社会学视角下的权力。

第一个情境，在你们商议某项学生活动时，大家意见不统一，听谁的？你可能会说，我们都很民主，商量着来。如果争论不休、到了必须决策的时候，我想最终还是听主席的。为什么不是听其他人的？这就要提到德国社会学家马克斯·韦伯提出的官僚制，亦称科层制。它是指权力依职能和职位分工分层、以规则为管理主体的管理方式和组织体系。学生会就是这样一个组织体系和管理方式。

第二个情境，学生会换届了，主席怎么产生？是平时最活跃、最有号召力的那个？是年级最高、资历最长的那个？是由指导老师和上一届学姐学长商定还是由大家投票选定？这就涉及权力合法性的来源问题。根据韦伯的权力理论，人类社会存在三种为我们所接受的权力：通过惯例或世袭得来的传统权力，源于崇拜与追随的超凡权力，由法律或制度规定的法定权力。大家能否给刚刚列举的候选人对号入座呢？

从学生时代参与学生工作到辅导员时期指导学生工作，我经历了学生会、团委、社团等高校学生组织近20年来的发展历程。社会学正念让我更加明白，权力的合法性可以通过多种方式获得，但很大程度上取决于一起做事的人们及其共同信念。任何权力都非空中楼阁，必然产生于社会生活。因此，为官者要不忘初心，谨慎用权。

2-15

枪杆子VS笔杆子

导　语 ━━━━━━━━━━━━━

　　1927年毛主席提出"枪杆子里出政权"的著名论断。

　　为什么著名的政治领袖可以有身体残疾却没有不能说话的？

　　枪杆子还是笔杆子的力量更强大？两者发挥作用时的差异是什么？

━━━━━━━━━━━━━━━

　　1927年，毛主席以巨大的政治勇气在"八七"会议上提出了"枪杆子里出政权"这一著名论断。时至今日，特别是在国际时局深刻变革、国际冲突愈演愈烈之时，"真理只在大炮射程之内""弱国无外交"这些国防军事论断依旧令人振奋、令人警醒。不管战争年代还是和平时代，枪杆子代表的实力显而易见。现代化国防、高素质军队、高水平执法队伍依旧是守护地区稳定、国家统一、人民安危的关键基石。当然，不容忽视的是，枪支泛滥、滥用武力也是酿成地区冲突、危害世界和平的重要因素。

讲座中我曾经问同学们，"什么样身体条件的人不太可能成为著名的政治领袖？"我觉得答案是不能说话的人。原因是领袖需要能够引领人民的思想、激励人们的精神。权力需要通过观念的灌输与传导来实现。所以，我们很容易发现优秀的政治家往往都是杰出的演讲者。有肢体残疾但似乎没有不能说话的著名领袖。要把观念落在字面上就需要笔杆子，体制内更是如此。我们戏称，"笔杆子里出领导"。

那么，到底是枪杆子还是笔杆子的力量更强大？你可能会说，各自适用的前提条件不一样，无法片面评判。社会学正念提醒我们，当枪杆子发挥作用时，权力是直白明了的；而笔杆子发挥作用时，权力就并非那么容易被看到。什么样的观念可以影响你的思想？是谁可以决定以什么样的方式，用什么样的观念去影响人们的思想？被影响的人们又会产生什么样的行为？这些都值得我们保持警惕、谨慎看待。

2-16

权力往往取决于对信息的控制

导 语 ————————————

　　美国总统大选的候选人一般有几个？为什么你印象深刻的就只有个位数？

　　是媒体因为认为候选人没有胜算而不报道，还是因缺乏报道导致竞选失败？

　　是什么决定了哪些人的信息会更容易被我们接触到呢？对信息的控制反映了对权力的掌握。

　　任何信息都是经过过滤和加工形成的，我们要以批判性思维对待。

————————————————

　　美国总统大选的候选人一般有几个？你可能回答，"两个"。因为很多人可能只关注到最后的巅峰对决，也可能你会想到从初选开始算，答案应该是"12个"。其实，正确的答案是超过500人。听到这个数字，你是不是跟我当时的反应一样惊讶？当然，这500多个里可能有不少只是出于好奇、冲动等因素而参选，并没有认真对待。但我想至少有50人，也就是十分之一的候选人对于参选是认真的。那为什么最后我们熟知的就只有个位数的候选人呢？

在新闻传播视角里，其他候选人被忽视的重要原因是媒体认为他们没有获胜的机会。高额的竞选费用、广告信息成本让很多候选人原本就很难参与竞争。而缺乏新闻报道又在很大程度上加速了他们的竞选失败。于是，自我实现的预言出现了，是被媒体认为没有获胜机会而不报道，还是因缺乏报道导致竞选失败？

是什么决定了哪些人的信息会更容易被我们接触到呢？对信息的控制本质上反映了对权力的获得和掌握。因为，信息本身就是一种可以用来影响事情发生的资源，本身也是一种权力的来源。在科层制内，各种信息的保密等级、传播范围直接体现岗位职级的知情权程度。在经济领域内，能够提前知道或者预判政策或规划信息的人往往更容易抢占先机，特别是在外贸、金融、房地产等受政策性影响严重的行业。找工作时，假如你能够提前知道某个岗位出现空缺的信息，并且能够了解到用人单位的具体需求和招聘流程等信息，自然有助于增大你求职成功的概率。

信息爆炸的时代，社会学正念提醒我们任何信息都是经过过滤和加工形成的。我们要以批判性思维尽可能多方全面地去了解事情、分析情况。

2-17

努力奋斗是为了有权利说"不"

导 语

各类公示、信访规定说明民众的知情权提高了。

谁有权利和义务做出解释体现权力与问责之间的关系。

我们需要了解经济活动与人际交往中的解释模式。

所谓自由不是想干什么就干什么，而是拥有说"不"的空间。

现在各类比赛成绩、评选结果、政策实施都有公示环节，各地市长热线、部门邮箱都很便捷畅通。这体现了对民众知情权的保障有了很大程度的提高。很多时候我们可以要求职能部门或者相关负责人给予解释。但不可否认，同样很多时候，你的质疑、投诉也可能会被忽视。那么，你凭什么要求有关责任人做出解释？责任人又会在什么条件下决定做出解释与否？这就涉及权力与问责的解释性问题。

在制度流程范围内，是否有义务做出解释、由谁来负责解释、通过什么样的方式怎么去解释、他人是否具有强迫其做出解释的能力。这些都体现了群体、组织、社会或国家中存在的权力结构。

个人日常生活中，所谓自由，不是你想要做什么就做什么，而是你可以拥有说"不"的空间。衡量一个人权力大小的显著标志就是他能够无视他人要求其给出的解释的自由程度。另一方面，权力还意味你能够强迫他人做出解释的力度。例如，经济关系中消费者作为出资方，被誉为上帝，有权要求生产者或服务者对其提供产品或服务做说明和解释。而客户对于不愿购买的行为有权不做解释。客户意见的收集只能在消费者自愿的基础上进行。

人际交往中处于高位的一方往往对于情境和事件有着解释的主动权，包括拒绝、缺席、冷漠、分手的原因。当然，也会有因自卑、失望等原因引发的拒绝沟通的情况。唯有努力奋斗，不断增强自身实力，才可拥有更多说"不"的底气。

2-18

试着通过他人的眼睛去看待事物

导 语 ——————————

在波多黎各，女性地位比男性高。

如何理解一项政策：

国家层面，政策是顶层设计，需要了解设计初衷、实施中的困难以及如何应对；

个人层面，要尝试从他人的视角看问题，倾听他人的心声，才可能更接近事实。

——————————

在中美生命科学国际综合云科考的讲座上，听教授讲到，波多黎各女性地位比较高，法律赋予妇女和儿童的福利和权利多到令她觉得有点过分的程度。因此，会出现有些美国本土的女性，特别是怀孕时会来到波多黎各生活，为了可以不工作，享受政府的救济与补贴。夏天福利受益者不用工作，享受每个月固定电费15美元，可以不分昼夜地吹空调，辛苦工作的纳税者却因电费昂贵要计算着使用空调。种种现实生活的对比引发纳税人，特别是辛劳工作的低收入人群对不工作就可以获得福利的女性的指责，"她们不负责任，她们不想工作，她们宁愿通过多生孩子领取更多政府福利来生活"。

社会学正念让我更多地从两个方面去思考这个问题：一是国家层面，福利制度是顶层设计，这项制度的设计初衷是什么？当时的社会民情怎样？在这么多年的实施过程中解决了什么问题、遇到过什么困难、需要进行怎样的改善？二是个人层面，福利受益者生了多少小孩？做母亲对她意味着什么？她认为找工作谋生会遇到哪些困难？她是否有工作意愿和技能？她能找到的工作能够提供多少钱？福利又能提供多少钱？她工作，小孩的照顾问题怎么办？

只有将个人放进社会大背景下，倾听福利受益者对于这些问题的详细答案，试着通过他们的眼睛去看待政策与事物，让人们解释自己的行为，才能让我们更加接近事实。当然，对于人们的解释我们可以接受，也可以不接受。因为我们无法真正感同身受，但至少应先倾听他人解释，再作判断。如果无法倾听他人真实的心声，我们就不应妄加评判与指责。

2-19

无知中的不平等

导 语 ═══════════════

　　每个人都是无知的，差别仅在于无知的方面不同。

　　为了克服无知，教育是民族发展、人类进步的不竭源泉。

　　我们放任或培养无知的两种情况：

　　一是，权威群体无视弱者意见，是地位不平等的副产品；

　　二是，利用权力让有些人保持无知和弱势。

　　　　　　　　　　　　　　　━━━━━━━━━━

　　美国作家威廉·罗杰斯曾说过，每个人都是无知的，差别仅在于无知的方面不同。我想没有人会反驳这句话，很多时候我们勇于承认自己的无知。比如，一个精通数学、物理的理科老师会比较坦然地承认自己对社会学或者哲学不太了解。正因无法做到全知，我们总是在不断地攀登知识的高峰，克服无知。教育是民族发展的不竭源泉，人类进步的强大动力。

但有些情况下我们却会放任甚至是培养无知。比较常见的情况是有些人喜欢赖在舒适区，避免学习带来的脑力和体力上的挑战。因为，新的想法和信息可能会给人带来不安的感觉。社会学正念提醒我们关注以下两种情况：

一是，在某方面拥有权威的群体因缺乏对弱势群体经历与观点的了解就可能出现认知盲点。为了捍卫自己的主导地位，权威群体可能会选择继续漠视甚至培养自己的无知。例如，有些学生觉得导师不能理解自己的想法，有些下属认为领导不能体谅自己的处境，因为有些导师和领导会觉得学生和下属就应该无条件听我的，他们的想法和意见没有任何意义。这些都是地位不平等的副产品。

二是，利用权力让人们保持无知和弱势。虽然现在大家都已熟知吸烟有害健康，但早在20世纪50年代，美国烟草行业内政府和企业的高管就已经知道吸烟可能会引发肺病，尼古丁会让人上瘾。但是为了维护行业利益，他们利用财富和权力合谋，加大广告宣传力度，试图延缓人们对于吸烟有害信息的认知，让人们保持无知和弱势。互联网时代的到来，知识的爆炸有助于我们认知迭代、克服无知。

2-20

系统思维

导语 ——————————

　　改革是一项系统工程，不可能一蹴而就。

　　生活中我们如何提升系统性思维？

　　从我身上这件衣服，用系统性思维从经济、政治、社会等维度，你可以想到些什么？

　　工作中我们需要有意识的变换分析问题的维度，"五位一体"是我最推荐的分析框架。

——————————

　　改革是一项复杂的系统工程，任何一项改革都不可能一蹴而就。我们在设计谋划方案时，需要加强各个方面各项环节间的关联性、系统性、可行性的研究，增强系统思维的培养和锻炼。系统思维是一种逻辑抽象能力，也可以称为整体观、全局观。社会学正念让我们尽力去看到整体，看到更大的图景，试着在文化、共同体、社会、民族、国家、全球经济和历史进程中去理解人们的行为。

今天，我们就来做个系统性思维的练习：以我身上这件衣服为例，采用系统性思维尽可能去联想、去发散，你会想到些什么？首先，经济的视角，这件衣服是什么品牌？是国外品牌还是民族品牌，纯进口还是代加工？市场占有率怎样？从设计、生产、贴标、经销等各个环节都可以分析。其次，国家视角，这件衣服可以拉动多少GDP？创造多少就业？创造多少税收？从刺激国内消费与进出口贸易间的关系也值得探讨。再看社会视角，什么阶层的人会更偏向于购买这件衣服？它有没有身份标识的作用？一件衣服对不同人的使用价值有什么不同？如果要把这件衣服捐给贫困地区，需要经过哪些流程？这些话题也很有意思。

一件衣服我们至少可以从经济、国家、社会不同的视角去作系统性、关联性分析。这一事例向我们展示了如何将系统思维融会贯通到日常生活与工作中。我经常跟同学们讲，你在思考或者陈述事情的时候，需要有意识地变换分析问题的维度，这样才有可能做到辩证而全面。政治、经济、文化、社会、生态"五位一体"是我最为推荐的最基础最容易上手的系统性分析框架。

第三章

透视互动

3-1

如何在组织内获得发展？

导语

在组织内成长，获得成功的通用过程：

导师引路，在学涯升涯选择上要考虑平台与导师因素；

贵人相助，提升自身价值与能力的同时要磨练脸皮；

社交圈子，要正确看待并有选择性的融入，不要过分迷信。

不幸的经历各不相同，成功的配方却很相似。或者说，失败的原因因人而异，成功的经验却总是似曾相似。不管是名人传记，还是成功经验访谈，社会学正念帮助我们看到，在一个地方发生的成功过程是如何相似地在其他地方发生的。也就是说，获得成功的过程是通用的。今天，我们就来分析一下在组织内成长，获得成功的通用过程。从学生社团到职场生存，你都将用得上。

第一，导师领路。学术圈我们有句玩笑话，"选导师相当于二次投胎"。我想不仅仅是学术领域，任何领域能够获得经验丰富、知识渊博、成果丰硕的领导或前辈的指导都是帮助自己迅速成长的重要因素。因此，大家在面对学涯生涯选择时，应该充分考虑平台、导师的因素。第二，贵人襄助。贵人也是所有成功人士都会重点感谢的人。千里马常有，伯乐却不常在。那么，如何才能遇到贵人？在不断提升自身能力与价值的同时，充分磨练脸皮，胆大心细，勇于求教，才能创造与贵人的缘分。第三，社交圈子。近朱者赤近墨者黑。进入一个组织，当人们开始见面、交流信息、沟通支持时，圈子就出现了。如何开始、如何保持、又如何使用社交关系就意味着你如何定义、如何创建自己的社交圈子。既然是圈子，就意味着有包容、有排斥。就个人经历而言，建议大家要有所取舍，弄清楚并且时刻明晰自己想要的是什么，选择与自己三观一致的人相处更养心，不要过分迷信圈子。

导师领路、贵人襄助、社交圈子是我们获得成功的通用过程。但任何时候任何事业，自身努力是基础是关键。先自助，贵人助之，天道助之。加油！

3-2

身份的意义：我是谁？你是谁？

导 语 ━━━━━━━━━━━

　　手欠搜索自己，"南京大学王丽"有惊喜？

　　界定好身份，可以让我们保持一种连贯性和稳定性，可以定位我们相对于他人的位置，让他人以一种可预测的方式与我们互动。

　　"序长不序爵"，身份取决于社会赋予的意义以及使用它们的时机。

━━━━━━━━━━━

　　一个偶然的契机，手欠在百度中搜索了"南京大学　王丽"，结果还有点惊喜。看着屏幕上出来的新闻报道不禁感慨"我是谁？"经过十年的努力，终于让"王丽"这个重名度相当高的名字赋予了更多的意义。在信息爆炸、迭代迅速的当今社会，我们可能每天会经历很多人、很多事。有些人注定是匆匆过客，有些事注定是过眼云烟。想要抓住你在意的人和事，介绍好自己就显得尤为重要。

介绍好自己，首先要界定好自己的身份。社会学正念告诉我们，界定自己的身份，是为了保持一种连贯性和稳定性，让我们在社会生活中赋予自己意义。比如说，我界定自己是一名高校教师，那么我就会形成一种心理归属感，也会在思想和言行上以为人师表的标准约束自己。试想一下，如果你今天是一名教师，明天是一个农民，后天又成为一个保险销售，那么，要么你是一个骗子，要么你的内心将无处安放。这就是为什么突然遭受重大变故，特别是遭遇中年职业危机容易让人一蹶不振的原因。

界定好身份除了安放自己，更重要的是可以定位我们相对于他人的位置，告诉他人应该如何对待我们，让他人以一种可预测的方式与我们进行互动。比如，知道你是一个医生，那么，大家就会想要咨询你有关健康养生的问题。同一个系统内，知道彼此职级，也可以让大家的相处更有序从容。

社会生活中我们拥有的身份、扮演的角色往往不止一个。在不同场合不同情境下，人们侧重的身份不同。比如，南京大学110周年校庆时"序长不序爵"，"长"指的是年龄、入校时间的早晚，"爵"指的是官位、职级。这充分说明了，我们的身份取决于社会生活赋予的意义以及使用它们的时机，离不开人与人的互动。

3-3

5元钱的鸭血粉丝等着你

导 语 ━━━━━━━━━━

　　同样一碗鸭血粉丝对于不同的人不同的阶段意义不一样。

　　教育是实现阶层流动的最重要最靠谱的道路。

　　人在情境中，人不是完全独立自存的个体。研究一个人，必须将其放到他所处的环境中进行。

━━━━━━━━━━━━━━━━━

　　南京大学仙林校区第五食堂有个窗口卖着5元钱一碗的鸭血粉丝汤。物美价廉，对于被南大食堂养活了17年的我而言，这5元钱的鸭血粉丝里有着别样的社会学味道。

　　第一种味道，教育是实现阶层流动的最重要最靠谱的道路。社会分层是社会研究的一个重要领域。高考作为我国最公平公正的教育选拔方式，是社会阶层相对较低的学子通过勤奋学习实现阶层流动的最重要的途径。高校也建立了非常完善的奖助贷补勤机制，不让任何一个孩子因贫困上不起学。这5元钱的鸭血粉丝也体现了国家守护教育公平、促进共同富裕的初心。

第二种味道，人在情境中。人不是完全独立自存的个体，研究一个人，必须将其放到他所处的环境中进行。正如同样一碗鸭血粉丝对于我在南大的不同阶段而言意义是不一样的。2007年，从盐城的一个小农村考入南大，面对缤纷多样的食堂，当时的幸福感仍然记忆犹新，吃一碗鸭血粉丝不能说奢侈，肯定还是相当开心的。如今，养活我17年的南大食堂虽然更加高大上了，新鲜感确实有所降低。但如果由于疫情"宅家"等因素很多天都没有吃，再次去品尝，鸭血粉丝就会显得格外美味。一碗鸭血粉丝的意义对于人的影响也应该放到它所处的环境中去看。因为我们都是社会人，都生活在与环境的互动中。

3-4

学会界定他人在场的情景

导 语 ————————————

　　他人或群体在场，一定会引发疯狂举动吗？

　　同样是匿名，性格活泼的人在葬礼上也会保持克制。

　　他人在场的影响取决于我们如何界定情景。

　　如何关照小朋友被要求当众表演的情绪？

　　如何克服答辩面试的紧张？

————————————

　　根据群体行为的特征，人群的存在会影响人们对自我意识的控制，容易做出平时不会出现的疯狂举动。但仔细思考一下，人们在人群中一定会发疯吗？我想答案并不尽然。比如，即使某人平时是大大咧咧、爱笑搞怪的性格，也会在庄严肃穆的葬礼上，尽量保持安静克制。这就是他人在场不一定引发疯狂之举的例证。那么，人群或者说他人的存在对于人们的不同影响到底取决于什么呢？社会学视角告诉我们，重要的是如何界定情景，也就是说，人们对于应该发生的事情抱有什么样的看法。

比如说，在球场上球队获胜后人们认为英雄应该获得荣耀，鼓励人们积极展示对冠军不屈不挠、拼搏奋斗精神的赞扬，甚至在一定程度上可以忽视公共文明规则。人们往往对于胜利者会更宽容。通常意义上人们认为葬礼应该是庄严肃穆的，因此，即使是匿名的，他们也不会又唱又跳。

了解了他人在场对于人类行为的影响，生活中我们也应该加以应用。比如，下次家庭聚会上当小朋友被要求做才艺展示时，你应当敏感地意识到，他人在场会提高小朋友的自我意识。他可能会担心自己表现得不好而胆怯，也可能因为想在他人面前表现得比较好而亢奋。所以，及时关注小朋友的心境和情绪有利于帮忙他更好地应对。

成人的世界里最典型的他人在场案例就是答辩或面试时我们容易紧张。只有做好情景界定，科学识别它对我们自我意识的影响，才可以化紧张为动力。理性地告诉自己，当我迈入面试场，由于评委、试题，我三者已确定，那就结果已定。评委的存在只是为了评判，无法改变结果。只有清晰地界定好自我表现的独立性，我们才可以更加从容地面对。

3-5

你想在这个世界留下什么样的印记?

导 语 ━━━━━━━━━

人生的比赛是关于什么,为了什么,将会走向哪里。

关于社会世界、生活赛道意义的三个信念:

只有在和平、合作、平等、自由的社会才有美好生活;

每个人都有过上美好生活的平等权利;

人类的生活是相互联系的。

━━━━━━━━━

国际时局动荡,世纪疫情冲击,是否让已经身处内卷旋风中的大家在备感焦虑的同时,又增添了丝丝无助感? 当我们为了事业奋斗,为了房贷奔波,为了小孩入学,为了赡养老人,当我们不甘落后地奔跑在生活这场没有终点的赛道上,很少有人愿意停下来静心思考,这一场比赛是关于什么,为了什么,或者它将会走向哪里。

社会学正念将帮助我们去发现，我们的生活如何交织在一起，我们的言行如何捆绑进赛道。也许你会想，生活已经很累，拼搏已经很废，为什么我们还要费心去培养社会学正念？这些关于社会世界、生活赛道的思考有何意义？美国一位社会学教授迈克尔·施瓦布对此给出了"三个信念"的回答，我想与你分享：第一，只有在一个和平、合作、平等、自由的社会中才能有美好生活，就是那种热情的、快乐的、关爱的、有尊严的、使人向上的生活；第二，每个人都有过上美好生活的平等权利，所以谁都不应该以牺牲他人和集体利益去享有权力和特权；第三，人类的生活是相互联系的。所以，我们有义务去思考我们的行为将会如何影响他人，尤其是如何让我们共同过上美好的生活。

或许我们可以换个视角问自己，人生一世，你想留下什么样的印记？如果你想在离开这个世界时让它因你而变成一个比你初来时更美好的地方，社会学正念将会帮助你发现需要去做些什么。

3-6

社会学正念照亮"灯下黑"

导 语 ━━━━━━━━━━━

　　缺乏社会学正念，容易令我们漠视身边的美好，忽视平凡的幸福。

　　所谓正念，是积极地关注一项事物，看到并欣赏它的独特之处。

　　孩子们的正念不加分析和评判，成年人的正念则是以适合所需的方式去关注这个社会。

　　一个红绿灯路口，小男孩从私家车里探出头来真诚地追问："叔叔，你的车为什么没有盖子呢？"旁边开着敞篷跑车的叔叔不知如何作答地笑着。生活中，你是否也经常会被小孩子的言语经常惊艳到？孩子们经常会以一种惊人的犀利度去关注事物。因为在他们眼中，一切是那么崭新而奇特。

"不要问我太阳有多高，不要问我星星有几颗"，当年这首歌之所以能够甜入人心，可能正是由于人们无法保持像孩子一样充满好奇的眼睛。我们早已习惯于感慨"月有阴晴圆缺"，却忘了追问月因何而圆，又因何而缺。我们早已习惯于爱人的存在与陪伴，却早已淡忘相识的机遇、相爱的姻缘。或许对身边熟悉的事物总是会缺乏正念，于是，我们会产生"灯下黑"，容易漠视身边的美好，忽视平凡的幸福。所谓正念，并不只是集中注意力，而是积极地关注一项事物，看到并欣赏它的独特之处。

　　孩子们的正念是不加分析和评判，用纯真的方法去理解社会的一切。成年人的正念则是以适合所需的方式去关注这个社会。比如，我们想要探索月之圆缺，除了物理、地理知识，还会考虑到人的情感因素。我们想要了解人，就会从身体、意识、情感、行为等多维角度入手。社会学正念就是一种了解社会世界运作方式的实践，它让我们学会一些必要的观念，用这些观念去发现是什么让社会世界成为一种独特的现象。

3-7

善待陌生人：我们是一个共同体

导 语 —————————————

多年前上海人的地域优越感何以而来？

用亲身经历讲述美国人热情奔放的社交形象。

你会赞扬陌生人的好衣品吗？

人与人的互动影响我们的存在。

—————————————

与同事聊天说到对各自去过的不同城市的印象。他记忆犹新地表示对曾经上海本地人的高傲感到无语。同事回忆说，大概20年前到上海，确实没有见过那么多繁华的大商场。营业员一口上海话，满脸写着"你们外地人都是乡下人""你们买不起"的轻视。时过境迁，同事对当时感到的尴尬与难受仍难以忘怀。几年前我在美国，有天穿了一双新运动鞋，超市中一个陌生人冲我笑着说，"nice shoes!"当时虽然有点惊讶，今时今日回想起来依旧感到开心。大家出门有没有遇到类似的事情呢？无论国内外，超市、商场、电影院还是哪里，人与人之间的互动总会影响我们的心情。相对的，你的行为——热情友善还是冷漠轻视也会影响他人的心情。

不是所有老上海人都高傲冷漠，也不是所有美国人都热情奔放。这里列举的只是个人的特殊经历。但多少可以引发我们反思，人们在互动中的情绪与行为会受到当时历史、文化、社会风俗等因素的影响。

20年前的上海确实比全国绝大部分城市都要发达，上海人的整体生活水平也比较高，也就容易造成部分上海本地人产生比较强烈的地域优越感。随着改革开放不断深化，全国经济飞速发展，新上海人包容有爱的形象已经有目共睹。由于传统文化的差异，美国人社交形象相对热情开放，中国人整体比较含蓄内敛。即使同性之间，我们看到对面走来的小姐姐衣品非常赞，也不太可能去称赞一个陌生人。当然，我是个奇葩，如果确实很漂亮，我会很真诚地夸赞她。看到因被欣赏的笑脸我也很开心。我们的日常生活无时无刻都受到与他人关系的影响。正如最引人注目的创新性行为也是站在前人的肩膀上产生的。整个世界是一个人类命运共同体。

3-8

为什么说隔行如隔山？

导语

教师买东西特别酸？还爱存定期？

公务员讨论年龄，医生讨论部位，企业都是某某总。

人们的观点与其所处的群体以及群体所在的位置有关。

让我们牵着另一半的手，等一等、一起走，共同经历精彩旅程。

妹妹经常调侃说，"我最头疼见到老师来买衣服，特别'酸'，要把所有折扣都计算得正好"。好朋友曾经说过，"这年头来银行存定期的，不用看就知道是老师，还很可能是大学老师"。确实，很不幸，我全中。都说公务员在一起讨论年龄，医生在一起讨论部位，企业在一起都是某某总……用流行的话说，这叫圈子。从社会学正念看，人们的观点与行为与他所在的群体有关，并与这一群体所处的社会地位有关。

除了睡觉的时间，人几乎80%的经历都与职业有关。教师之所以会面临相似的情景，是因为学校的组织方式以及教师职业的社会地位相同。如果将学校进行重组，将管理权完全交给教师，那教师的圈子及其行为模式将可能会发生翻天覆地的变化。刚刚说的公务员、医生也是由于从事类似工作，解决类似问题，以类似的方式赚钱，以类似的方式与人交往，往往会形成类似的世界观、价值观。因此，在社会交往中我们经常听到"隔行如隔山"。虽说，圈子不同，不必强融，但打开触角，多去接触各行各业的群体将有利于我们更全面更客观地了解这个社会。

再来说说，剩下的20%。生活中人们常常说夫妻相，是说两个人在一起生活久了，随着价值观、生活方式的磨合，连长相都会变得相似。另一种常见的现象是，情侣分手往往归因三观不合，夫妻离婚往往归因性格不合。让我们用观点形成的过程仔细品品，当初相互吸引的两人，如果在过程中的经历差异过大，三观也就会在不知不觉中越走越远。所以，愿我们都能牵着另一半，等一等，一起走，共同体验精彩的旅程。

3-9

我有很多面，看你值哪一面

导 语 ━━━━━━━━━━━━

　　我们的形象是在与他人的互动中塑造的。

　　影响是双向的，我们的反应也会影响他人的表现。

　　社会学正念可以让我们更好地面对压力面试。

　　你是选择相互吹捧的酒肉朋友，还是坦诚相待的知心诤友？

━━━━━━━━━━━━

　　有人说，"不要说我善变，我有很多面，你看到哪一面，取决于你配哪一面"。也有人说，"人是水做的，受热变暖，遇冷则冰"。这都形象地说明了我们的形象是在与他人的互动中塑造的。你所处的环境、面对的事情、互动的对象都可以影响我们展现出自身最好或者最坏的一面。当我们在互动中感受到被关注、被信任、被期待，就会不自觉地努力表现得更加积智、勤劳、善良、迷人。作为老师，授课时感受特别深的就是：如果同学们都很投入，用期待的眼神、善意的笑容对着我，我就会文思流畅、口若悬河，越讲越自信，越讲越起劲，甚至讲完2小时，身体很累，大脑依旧愉悦兴奋。

当然，影响是双向的，我们的反应也会影响他人的表现。比如，非常流行的压力面试，我们会用严苛的标准、刁钻的角度、严厉的态度向面试者提问，并且不断加压、刨根问底，在这种情境下，面试者就很容易紧张，影响作答的流畅性，甚至扛不住压力，心态崩溃，无法完成面试。弄清压力面试所采用的互动双向影响的逻辑，我们就会明白这是为了选拔人才有意为之的工作手段。我们就能够更理性地分析面试情境，及时调整心态，更加从容地作答。

生活中我们也经常面对互动影响的两难选择。你的朋友为了表现得更好，可能会夸大自身的某些品质或成就。对此，你是选择捧场赞赏、一笑而过还是真实地质疑反驳。相信，你的不同选择将会影响你们之间的互动，日子久了，就会成为你们的互动模式。那么，你是选择相互吹捧的酒肉朋友，还是坦诚相待的知心诤友？

3-10
鸡尾酒派对效应

导 语 ━━━━━━━━━

为什么你很容易听见别人叫你的名字？

什么是鸡尾酒派对效应？什么是选择性注意？

选择性注意受到环境与互动的影响，是社会经验塑造的结果。

《男人来自火星，女人来自金星》一书讲述了男女在思维认知与选择性注意上的差异。

假设你正在参加一个聚会，人来人往、觥筹交错。突然，穿过房间内的各种声音，你听到远处有人在叫你的名字。其实，你并非有意去倾听其他人的讲话，只是透过喧闹的背景杂音，你的名字是那么容易被你捕捉到。社会心理学给这种现象起了一个很好听的名字叫鸡尾酒派对效应，也就是人们经常提到的选择性注意现象。它指的是，人在外界诸多刺激中仅仅注意到某些或者某些方面的刺激，而忽视其他的刺激。这是人类注意的特征之一，因为个人不可能同时注意到所有呈现的刺激。

社会学视角看来，人类的选择性注意还会受到环境与互动的影响，也是社会经验塑造的结果。比如，《男人来自火星，女人来自金星》一书讲述了男性与女性在认知与思维方式上的巨大差异。男女长期扮演的不同的社会角色，承担的不同社会压力，决定了他们大脑和思维习惯处理的信息内容与方式不一样。社会性别角色让女生更多地承担照顾子女老人、经营家庭的责任，因此，女性就更容易对包含观念、情感等感性信息的声波激发起兴趣与关注。男性由于承担着较多的职场竞争、盈利创收、养家糊口的经济压力，需要他们解决问题，创造价值。因此，男性就更容易对包含竞争、问题、结果等理性信息的声波产生兴趣，会更加主动地做出反应。

除了社会性别差异，人们所处的情境也会影响我们的选择性注意。比如，陷入爱河的某人会情不自禁地收集对方爱你的证据；如果感觉对方背叛了感情，也会很容易发现不正常的端倪。大家也会把这个叫作直觉或者女生的第六感。其实，更多的可能是源于选择性注意。因为我们总是习惯性地捕捉自己在意或者想要的信息。

3-11
从男人女人谈社会贴标签现象

导 语 ━━━━━━━━━━━━━━━

　　社会学就是系统地研究人类群体与社会行为的社会科学。

　　生理特征的差异被赋予了文化的意义，贴上了男人、女人的社会标签。

　　在决定如何定义的建构过程中并非人人都有平等的发言权，真理很多时候会向强权低头。

━━━━━━━━━━━━━━━

　　美容店的小姐姐问我学的是什么专业，我回答说，"社会学"。小姐姐笑着朝我眨巴着眼睛。我说，"你想问我社会学是学什么的，对吗？你感觉大家都生活在社会里，都是社会学家，是吗？"小姐姐说，"对的，我感觉有点高深，又不好意思问"。我说，"通俗来讲，社会学就是系统地研究人类群体与社会行为的社会科学，也就是探究我们可能习以为常或者热烈关注的人类行为和社会现象。"

比如说，为什么会存在性别？除了在调侃女博士"第三性"的时候，我们都会自动地划分男人和女人。其实性别是一种社会建构的人类行为。人们对阴茎、阴道等生理特征的差异赋予了文化意义，贴上男人女人的社会标签。试想一下，如果最初在赋予意义时，形成广泛认同的标签不是男人女人，而是正人负人或者甜人苦人，那现在可能就不存在男人女人。小姐姐似懂非懂地说，"真的太高深了，不是你讲，我怎么也不会想到男人女人还有这么多学问"。

那么，如果不是男人女人，你想怎么定义生理特征的差异呢？在你思考的过程中，我想告诉你一个有点扫兴的事实：在决定如何定义的建构过程中并非人人都有平等发言权。真理很多时候会向强权低头。因为，在定义过程中也许有其他人跟你一样都想贡献智力，但发言能否被听到并且形成广泛认同取决于是否拥有出众的话语权。社会不存在绝对正确或者最佳的规则，只是当时选择了对于实现我们目标更有利的规则。

3-12

我们是否真能做到感同身受?

导 语

　　脱口秀演员思文从小父母离异的段子引发我们富有同理心的思考。

　　如果你生病了,是否希望熟人来探病?

　　不同的人对同一事件真的可以做到感同身受吗?

　　感同身受是善意的表达,不强求每次感同都准确,也没必要强求自己的感同别人一定身受。

　　脱口秀演员思文的一个段子,每次说到从小父母离异,别人都会立马跟她说不好意思,提到你的伤心事了。她说,其实我觉得没啥,我过得也挺好。但是看别人抱歉得那么真诚,她就不好意思表现出无所谓。这个真实的段子让我想起社会学、心理学里使用频率非常高的一个名词——同理心。也就是生活中我们经常说到的换位思考，让自己接受他人的观点，在想象他人的想法与感受的基础上做出行为反应。

同理心、换位思考的重要性不言而喻，可以让我们在互动中减少沟通成本、避免人际冲突。比如，朋友想象到从小父母离异会给思文带来情感上的缺失甚至伤害，做出了提起她的伤痛感而感到歉意的反应，预期这样的情感反应可以安慰到思文。但思文的反应却让我对感同身受有了别样的感触。或许因为时过境迁，思文对父母从小离异的情感反应却不如朋友所预想，但为了照顾朋友的感同身受，还是表示了理解，甚至调侃道，"解码了同学间互动的护身符，每次比惨，总能以父母从小离异而赢"。

不同人的出身不同、环境不同、经历不同真的可以做到感同身受吗？我想这可能只是我们美好的愿景。因为不同的人对同一事件同一情景的反应可能不尽相同，甚至截然相反。比如有个同事生病了，做个小手术，回来就是否希望熟人去探病的话题，我们两个达成了另类的同盟。因为我们都不希望让别人看到自己脆弱狼狈的样子，不喜欢别人知道自己的隐私，因此，我们不喜欢别人来探望。但这与大多数人的反应或者正常的社交礼仪格格不入。

我理解的同理心，只是我们对他人的善意的表达，不能强求每次的感同都准确无误，也没必要强求你的感同别人一定身受。

3-13
生活需要仪式感

导　语

　　仪式感会让某一天与其他日子不同，让某一时刻与其他时刻不同。

　　如何才能赋予日常行为特别的意义？

　　一是环境（包括时间和空间）；

　　二是与他人的互动（市场营销）。

　　仪式感不仅仅是具体的物质行为，也未必是在特殊时刻，更多的是我们对自己对生活的态度。

　　天安门的升旗仪式、小朋友佩戴红领巾上学、情人节的玫瑰花、元宵节的张灯结彩，这一幕幕令人心潮澎湃、幸福难忘的画面都离不开生活中我们向往、期待的仪式感。法国童话《小王子》里说，仪式感会让某一天与其他日子不同，让某一时刻与其他时刻不同。注重传统文化、优良风俗的中国人历来注重仪式感。社会学视角里，仪式感是人们将日常行为仪式化以赋予其意义的行为。如何才能赋予日常行为特别的意义？人类行为是环境与他人互动的产物。仔细思考，你会发现，我们的仪式感也往往从这两方面入手。

第一，环境包括时间和空间，特殊的时节成为人们表达仪式感的最佳时机。新年、元宵、情人节、端午节、七夕、中秋节、重阳节、圣诞节等等中外节日里人们大多沉浸在约定俗成的欢庆氛围，也有别出心裁的创意之举。另一方面，到了具有特别纪念意义的地点，名人故居、烈士园林、重大事件发生地、著名地标建筑，我们都会驻足留念。

第二，与他人的互动，这一点在商业行为中体现特别突出。从"双11"到"双12"，从"315"到"618"，各大商家在资本市场的合谋下，赚得盆满钵满。当然除了避免不了的冲动消费，消费者在买到心仪产品的同时，还享受了集体卡点疯抢的刺激与快感。

仪式感不仅仅是某些具体的、物质层面的行为，也未必是某个特定的日子或时刻，更多的是我们对自己对生活的态度。可以是实现工作目标后奖励自己的一块甜品，可以是完成健身任务后送给自己的一支香薰，也可以是失恋痛哭时与自己约定好期限的笑脸。不强求情人节的玫瑰，唯愿能有随时拥抱自己的怀抱，可以来自别人，也可以来自自己。

3-14
生活总有不期而遇

导 语 ════════════════

人生如戏，没有彩排，不能重来。

面对酒驾和车祸意外，你会怎么处理？

任何事件并非任何一个人所作所为的结果，而是不同人彼此互动的结果。

════════════════════

都说人生如戏，真真假假，每个人都在舞台上扮演着属于自己的不同角色。但仔细思量，人生与戏最大的不同在于，人生没有彩排，也无法预演，更不能重来。每年每天、每分每秒都新鲜出厂而又转瞬即逝。生活里，我们有目标、有规划、有计划表、甚至有剧本，但总会有不期而遇，不速之客的造访，不愿回首的事件。但人们却还是不免事后诸葛、自责后悔，特别是在酿成严重后果的突发事件发生之后。

比如，三五好友约好了晚上小聚，期间有人宣布了喜讯，为了庆祝，大家就喝了点酒。饭后，有人觉得这里离家比较近，又相对比较空旷，一般路上检查的警察比较少，也没喝多少，又是老司机，所以，可以冒险把车开回去。当然，那时你清醒地知道，酒驾违反交通规则。只是在众人的起哄下，抱着侥幸心理才开车回家。结果，没有被警察检查到，但发生了车祸，车祸不是特别严重但是警察必然到了，酒驾也就自然被抓。于是，好友开始事后诸葛，早就说喝了酒就不能开车，开车需要仔细一点，这样就不会发生车祸了，就不会有事了。不管怎样，既成事实，酒驾和车祸带来的后果，当事人都得承担。

从社会学视角来看，这起酒驾车祸事件并非任何一个人所作所为的结果，而是当天所有人彼此互动的结果。正是每个人相互影响，促成了这个谁也不希望看到的事情发生。因此，如果真的要复盘，我们需要超越当下，以更大的视角去追问，为什么这几个青年人的法律和规范意识相对比较淡薄？为什么他们会以平凡的幸福做筹码去犯险？为什么作为朋友，没有形成规劝向上的朋辈氛围？

3-15

为什么我们总是把最坏的脾气留给最亲近的人？

导 语 ═══════════

　　为什么我们总是把最坏的脾气留给最亲近的人？

　　人际交往中我们会笑脸相迎，也会对他人理性回避。

　　对外，当一个群体或成员无论如何都无法获得另一个群体或成员的尊重；对内，当伤害或痛苦来自我们内部行为。

　　让我们用更多笑脸陪伴最亲近的人。

═══════════

　　我们经常在干的一件蠢事就是把最坏的脾气留给最亲近的人。可能因为在外奋斗拼搏太累了，用尽了笑脸，回到让人放松的家里，对着最亲近的人就可以卸下伪装、真实地做自己。从社会学视角来看，人的情感受到他人对我们的反应以及社会文化环境的影响，人总是让自己的行为尽可能地符合他人和社会预期的模式，以更好地融入社会生活。所以，在外我们尽可能地笑脸迎人。但互动并非总是那么美好，有时我们也会对他人冷漠相待，甚至切断自己对某些人的沟通与情感通道。这种理性的回避是一种情感上的自卫之举。

对外，这种情况通常发生在不平等群体或者成员互动之间。当某一群体或者成员感觉自己无法从另一群体或成员那获得尊重，那么他将可能不再关心那个群体或成员。如果强迫自己继续关心那些无论如何都不会尊重我们的群体或成员，未免太让人痛苦。极端的例子，在阶级对立、贫富分化严重的时代，被压迫阶级往往对特权阶级采用冷漠对抗、进而仇视的态度。

对内，彼此相爱的人之间如果伤害或者痛苦来自我们内部行为，我们就会启动理性回避。为了避免面对那种伤害亲人带来的内疚感，我们往往会选择无动于衷。比如，你可能会说，"我不是这样想的，你误会了，你不要太敏感"。有时候，可能连解释都懒得解释，随你怎么想。这就是为什么我们总是容易把最坏的脾气留给最亲近的人的原因。学习其中的逻辑，愿我们能够更加理性地看待自身情感上的脆弱与敏感，用更多的笑脸陪伴最亲近的人。

3-16

对话过去：未经他人苦，莫劝他人善

导 语 ——————————

浮躁的当下如何学会把握自己？分享用于阶段性反思的三个问题：这段时间我快乐吗？这段时间我收获了什么？这段时间我留下了什么遗憾？

关于过去，我们要学会追问：这些问题是如何产生的？如何去更好地改善这些问题。

学史明理、学史增信、学史崇德、学史力行。

——————————

今天听到一句很有感触的话，"未经他人苦，莫劝他人善"。生活中，你是否也遇到过这样的安慰："没事的，过去的就过去了"，"算了，算了，不跟他计较。"成人的世界中事情的大小、过去与否很多时候真的不像小朋友被抢了一个玩具那么简单。如何看待过去，如何看待过去与现在之间的关系是我们对待自己、对待他人的重要基础。

　　于己，我们从昨天走来。社会学的正念让我们看到，过去是如何把我们带到现在的，而当下的我们又应如何看待过去。生活中，我经常跟同学们说要在日益浮躁的当下学会把握自己，就要养成阶段性反思的能力。具体如何做呢？分享我的方法，与君共勉：我每隔一段时间就会挑个夜深人静或者清晨无扰的时间放空自己，静静地问自己三个问题：这段时间我快乐吗？这段时间我收获了什么？这段时间我留下了什么遗憾？这三个问题的重要性体现在：如果持续不快乐，那么任何事情你都很难坚持下去。如果你疏于做反思总结，日子久了，有些东西就会逐渐模糊。开个玩笑，有朝一日如果功成名就，想写回忆录，你也巧妇难为无米之炊，对不对？如果意识到了遗憾，那我相信下阶段你会做出针对性的改善。人生一世、时光不回。为了避免类似的遗憾，我们需要时省吾身。

　　于人，很多时候人们之所以看不到历史的联系，是因为他们不想看到，或者说他们不在意是否看到。比如，有些白人会说，"种族主义是过去的问题。歧视黑人是犯法的，现在人人平等了，种族平等了。所以，我们无需特别实施对黑人的平权行动"。其实，这样的观点抹杀了现在与过去之间的关系，似乎数百年白人奴役黑人的历史积怨都不存在了。但过去塑造了我们现在的思维和行为。现存的种族问题、贫富差距应该让我们追问：这些问题是如何产生的？如何去更好地改善这些问题。只有回首过去才能更好地作答今朝。

　　学史明理、学史增信、学史崇德、学史力行。

3-17

较真当下：勿以恶小而为之

导 语

勿以善小而不为，勿以恶小而为之。

每个行为都影响着其他人和事之间的联系。

思想可以塑造行为，小事情蕴含着大事件。

赠人玫瑰手有余香，较真严谨护人周全。

人们常说"勿以善小而不为，勿以恶小而为之"。全媒体时代小到给欢喜的小视频点个赞，再到在众多众筹平台上献爱心，我们似乎更容易触碰到平凡的幸福、细微的求助，也很愿意给予暖心的善意。但现实工作和生活中，我却经常听到"你不要这么较真，不要什么都上纲上线"的劝诫或推脱。勿以恶小而为之，社会学正念用世界万物相互联系的视角回答了我为什么要较真。

第一，如果某一行为确实有害，就应当大惊小怪。工作中，我们由于疏忽或者其他原因，可能漏发了某个通知，忽视了某个流程，算错了某个结果。不管我们本意如何，只要它对当事人或相关人产生了某种困扰甚至危害，我们就应当重视，勇于承担、尽力弥补，而非以不拘小节为理由，选择视而不见或者替当事人慷慨原谅。因为，每个行为都影响着其他人和事之间的联系，可能会牵一发而动全身。

第二，思想可以塑造行为，小事情蕴含着大事件。小时候，你是否说过，"这次我由于粗心没有考好"。有些家长会附和道，"确实不应该错，下次我们要仔细一点"。但有些家长会告诉你，所谓粗心是由于知识掌握不到位或者缺乏严谨的习惯。我相信，这两种观念教育下的小孩成长的状态会有一定的差别。思想塑造行为，并非说任何一种想法都会导致对应的行为。更准确说来，每个人都是在自己的价值判断、思维方式引导下做出行为。思维的改变和稳定才能带来行动的改变和稳定。这就是为什么工作或者生活中那些小的想法、小的习惯、小的行为并非不值得较真的原因。小事情与我们认为的"大事情"之间有着必然性的联系。

愿我们既能赠人玫瑰手有余香，亦能较真严谨护人周全。

3-18
重新审视我们的选择

导 语 ─────────

周杰伦为什么只代言平民产品?

吸烟真的只是个人选择吗?

只有审视个人选择如何影响他人与社会,我们才可以真正对自己的选择负责。

家人不可以选,同事有限可选,只有朋友和爱人是我们自己的选择。

─────────

我的一句口头禅"我只对自己的选择负责",某种程度上来说,我们的家人是不可选择的,同事的可选择性空间也不大,只有朋友和爱人是我们自己选择的。这个事实听起来有些冰冷。那么,我们真的可以对自己的选择负责吗?说起来容易,仿佛只需要关注自己,对自己的行为负责即可。但社会学正念告诉我们，对自己的选择负责，很多时候必须建立在对我们的选择如何影响他人的重新审视之上。

　　比如说到明星代言，很多人不明白超级天王级别的周杰伦为什么会代言"爱玛"电动车、"优乐美"奶茶等产品。周杰伦说，我希望我代言的产品，我的歌迷能够消费得起。短短的回答体现了周杰伦深刻地认识到自己代言对歌迷对社会可能产生的影响，体现了他对自己选择的高度自律。

　　社会生活中，吸烟有害健康。很多人认为吸烟是一种个人的选择。只要没有在公开场合或者让其他人吸二手烟，就没有任何危害。但真的没有其他影响吗？作为一个吸烟者，你为孩子或者周围人树立了一个坏榜样，从而可以让更多人沉迷烟草。长期抽烟还可能导致呼吸道疾病，加大社会医疗成本，给亲友带去痛苦。但这些隐形的其他成本往往容易被我们忽视。

　　正如，社会学家艾伦·约翰逊所言，人们总是习惯于不经意地选择阻力最小的路径，也就是所谓的舒适地带，但从长远来看，这样做最终往往导致有害的结果。愿我们都能够更加清楚地看到人与人之间的相互依存性，在道德情感基础上做出更负责任的选择。

3-19

极度的坦诚就是无坚不摧

导 语

"网红"校长郑强曾表示，把小孩培养成人精是荼毒青少年非常严重的错误教育观。

是什么决定了我们语言体系中的解释模式？

一是认知，二是情商。

"网红"校长郑强曾经在访谈中表示，荼毒青少年一代很严重的一种错误的教育观就是从小教他们要会做人，以把小朋友教得"见人说人话，见鬼说鬼话"而感到自豪。这种用成年人的世俗中庸磨灭小孩纯真诚实天性的做法极其愚蠢，并且后果严重。看到深谙人情世故的小孩行为，我深感郑教授所言在理。古语云，"知无不言，言无不尽"。现实生活中做到这点的人很可能会被吐槽"情商低"，甚至受到排挤。因为通常人性不爱听真话。毕竟要达到杨幂所说的"极度的坦诚就是无坚不摧"需要强大的心理和底气。那么，社会学正念里，是什么决定着我们语言体系里的解释模式呢？

首先，我们的认知。如果粉笔掉在地上，接受过一定教育的人们都知道这是重力所致。但教育程度低下的人们可能只能以自然、天道来解释。博学多闻、见多识广，在身体上和脑子里尽可能多地去经历、去积累，才能让我们更加从容地面对人生百态。

其次，我们的情商。一听到情商，你会说，不是说变成人精不好。我理解的情商是在准确界定好情景的基础上，秉着真诚地面对自己、对待他们的原则，以更为恰当的方式去表达意见。如果不是粉笔，是你从窗户跳出去掉在了地上，原因显然就不是重力所致那么简单。在场者需要界定此情景下是默默关心还是知趣离开，因为留下来表示关心可能会被认为是"八卦"。当事者需要界定跳窗的直接原因、间接原因以及对家人、对朋友、对外界解释的不同程度。合理控制解释程度与虚伪对人的差异就在于保证自己所说均为真实信息且不做其他倾向性的诱导。

3-20

主动与被动语态

导 语 ————————————

　　主动、被动语态蕴藏了什么奥秘？

　　主动语态清晰地表述出行为的主体和结果，被动语态缺乏主体责任人。

　　明确责任人和任务分工是保证工作有序开展的关键基础。

　　警惕被动语态给调查事件、厘定责任带来的困难。

　　积极倡导使用主动语态，践行"强国有我"的主体责任。

————————————————

　　今天讲一个有意思的语言表达习惯，"小明把碗打碎了""碗被打碎了""这是我的错""这件事错了"。大家仔细品品这两组句子前后的差异。不难发现，前一句采用主动语态，谁干了什么，很清晰的表述出行为的主体和结果。后一句采用被动语态，只是简单陈述了行为的结果。在这种表述之下我们无法分辨出谁应该对这个结果负责。

日常工作中当我们不确定谁应该做什么事的时候，就会使用被动语态下意识地回避问题，但如果仅仅满足于被动语态，很多工作将无法推进。以疫情防控为例，人员信息需要收集，相关药品需要购置，检测秩序需要维护，缺乏明晰主体责任的表述很可能造成相关职能落实不到位，相关责任监管不到位。因此，强调统筹协调时，我们要积极地使用主动语态。做好恰当准确的任务分工是保证工作有序开展的关键基础。

对于已经发生的事实，特别是当我们需要追究违纪违法或者故意伤害他人的责任时，被动语态也是一个棘手的问题。为了掩盖自身需要承担的责任，责任方通常会更倾向于使用被动语态，隐藏或混淆事件的主体。这往往就给调查事件、厘定责任留下了扯皮的空间，造成不必要的困难。因此，我们应当警惕那些不能提供行动主体或来源的事件表述。因为社会世界中发生的任何行为都是人们选择和谁一起做事的结果。

主动、被动语态对于青年的启示还有：作为时代的希望、祖国的未来，我们应该积极倡导使用主动语态，"我想""我行""我可以"，敢于发声、勇于承担，坚守初心、砥砺奋斗，积极践行"学习报国、强国有我"的主体责任。加油！

4

第四章

坚守自我

4-1

生命历程理论

导 语 ————————————

　　什么是生命历程理论？人在不同时期生活重心会有所不同。

　　求学、就业、婚姻是人生最重要的一组生命事件。

　　高校招办老师回答考入哪所大学为什么重要。

　　选择什么样的工作很大程度上决定了你的生活状态。

　　婚姻最重要最浪漫之处是带给你人生的伴侣。

　　我们的一生会历经许多不同的阶段。孩童时期，忙于玩耍、学习成长；青年时期，学习独立、开始社会化；中年时期，忙于事业、负担家庭；之后要面对衰老和死亡。我们在不同年龄阶段关注的重点会有不同。社会学的生命历程理论聚焦于研究剧烈的社会变迁对个人生活与发展的显著影响，将个体的生命历程看作是社会力量和社会结构的产物。它的研究范式是将个体的生命历程理解为一个由多个生命事件构成的序列。同样一组生命事件，若排序不同，对一个人人生的影响也会截然不同。而上学、就业、婚姻是一组特别重要的生命事件。

作为一名招生人，我经常跟同学们讲的是，上哪所大学为什么很重要？其实最重要的不是具体大学存在的差异，最根本的是因为你们上大学的这段时间太重要。十七八岁到二十一二岁，正是青少年离开家庭，走向社会的过渡期，正是青少年世界观、人生观、价值观形成的启蒙期，正是青少年思维方式和智力素养形塑的关键期。所以，在如此珍贵的青春年华上哪一所大学，遇到的人、经历的事都将在你的生命历程中烙下深深的印记。开玩笑说，如果你五六十岁再念大学，上哪所就没那么重要了。因为互联网时代早已打破大学的知识壁垒。期待大家都能够圆梦心仪的大学，我们在南京大学等着你。

工作将会占据我们80%的精力，选择什么样的工作很大程度上决定了你的生活状态，因此，帮助大家树立适合自己的职业观、择业观，虽任重，我心亦坚。婚姻最重要、最浪漫之处是带给我们人生的伴侣，让我们不再孤单，共同面对风雨与繁华。

4-2
那些年我们一起划过的"水课"

导 语

好的教育者教会我们去描绘自己眼中的图景。

好的学习者积极链接可以教育我们的人和事。

你是否会感慨大学里学到的知识进入社会后用不上？文科生可能会感觉除了某些人和事，大学里并没有学到什么。于是，我们调侃那些年一起划过的"水课"，一起听过的老生常谈。调侃之余，心底仍会泛起对18岁花季的无限不舍，对高等教育的一丝悲哀。

观念里教育始于学生被送进学校听课。但有句古老的谚语，"当学生准备好了，老师就会出现"。这似乎在说，除非我们在智力和情感上做好接收的准备，否则再优秀的老师也无法把信息传递给我们；而一旦我们虚心受教，就将学有所获。

这句谚语是否会让我们对大学里没学到什么的感慨作些许的反思呢?

是否由于初生牛犊的傲气,或者源于青春多彩的无暇,其实大学里学到的多于我们所意识到的,我们无意识地错过了许多东西。因为我们总是习惯于向外求索,却没有学会如何看待自身,了解自己是谁,了解自己从哪里来、将到哪里去,了解自己如何与他人联系在一起。

回首16年前与社会学的相遇,不仅给我留下了无意间会蹦出来的名词与概念,也许还有习得却不自知的对这个社会世界的另一种解释方法。与社会学相通,好的教育者讲述了很多别人描绘的图景,关键是要教会我们去描绘自己眼中的图景。好的学习者,做好了充分的学习准备,更应该积极去链接那些可以教育我们的人和事。

对于高等教育与市场需求脱节的问题,我认为本科阶段更多的是学习能力、思维方式、价值观念的形塑,并不仅仅在于具体的专业知识。所有经历的人和事都将浸润我们的血液,刻入我们的意识。这或许就是人们强调本科阶段学习经历很重要的原因。

4-3

为什么我们"躺平"了却还在卷?

导 语 ━━━━━━━━━━━

"卷"不可避免,也无所谓对错。

"卷"的过程中我们往往容易忽视自己与他人之间的相互关系。

关注社会的运转,从而"躺"得更加明白,"卷"得更加清新,"活"得更加通透。

━━━━━━━━━━

当你日夜兼程,于千军万马中闯进大学,来不及片刻喘息,学业、社团、实习、培训、就业各类内卷浪潮360度全方位无死角地将你裹挟。终于,精疲力竭的你想开了、躺平了。回过神来,期末晒绩点,毕业晒工作岗位,工作比进步,生活比结婚,婚后比生娃,不自觉中你带着娃,继续风雨无阻、夜以继日地躺在卷的路上。在人人都嫌卷,天天喊躺平的当下,到底是树欲静而风不止，还是风欲停而心不静？

就个体而言，为了自力更生，更好地实现自身的价值，奔跑在追求所谓金钱、名誉、地位、成功的道路上本无可厚非。年少时的我总是不能理解木秀于林，风为啥摧之。"卷"不就为了小草尽显新绿、松柏极致挺拔吗？"卷"终将出现立于鸡群之"鹤"。到底是我们努力错了？还是"卷"错了？随着年岁流逝、思绪沉淀，渐渐明白，"卷"不可避免，也无所谓对错。只是在"卷"的过程中，我们往往容易忽视自己与他人之间的相互关系，看不到这种联系如何影响到我们的思维和言行，更不会想到无意间我们可能已经参与到压制他人的过程中。

让我们偶尔停驻，倾听自己的内心，看到别人的存在，关注社会的运转，从而"躺"得更加明白，"卷"得更加清新，"活"得更加通透。

4-4

你是一个好人吗?

导 语 ——————————————

　　成长过程中，你早已学会了一套可以用来判断自己和行为的标准。

　　很多影响我们感受的观念是隐形的。它是通过习惯转化为文化、道德，从而引导、约束人们依据既定的模式维持社会的运行。

　　我们要经常问问自己"我头脑中的想法究竟是谁的?"。

————————————————————————

　　"你是一个好人吗?"这么问，是不是会被嫌太天真? 法律的世界，警察告诉我们，遵纪守法就是好同志。社会的世界，道德告诉我们，遵循范式才是好人。社会是按照一定范式，由一起做事的人们组成的。只有人们对如何一起做事抱有共同的观念，这些模式和规范才得以持续存在。正如，你如何判断自己是个好人？成长过程中你早就学会了一套可以用来判断自己和行为的标准。比如，大家都会认为善良、诚实、无私、勤劳等等都是一个好人应该具备的品质。那么，如果你做到了，你就会觉得自己是值得他人尊重的好人。

与法律相比，很多影响我们感受的观念是隐形的，它们早已变成人们生活中的一种习惯。例如，小时候，大人会教导你要刷牙，他们可能会跟你解释不刷牙会蛀牙。长大后，你可能才知道刷牙与蛀牙之间的关系，但刷牙早已成为一种习惯。大部分时候你不会意识到隐藏在习惯背后的观念。当每个人或者说很多人都认可并采纳这个习惯的时候，它就变成了一种文化。

"你是不是一个好人""你为什么刷牙"这两个事例揭示了观念如何通过习惯转化为文化、道德，从而引导、约束人们依据既定的模式维持社会的运行。学习社会学正念，希望我们能够对既定的观念、文化、规范、模式保持自我的觉知，经常问问自己"我头脑中的想法究竟是习得所致还是我真正想要的"，从而更好地倾听自己的心声。

4-5

为什么说我们在用一生治愈童年?

导 语 ————————————

穷人的孩子早当家,但人情世故却晚熟?

单亲家庭或从小缺爱的小孩容易情路坎坷?

每个人都有难以克服,甚至难以发现的盲点。

人一生都在治愈童年,或者说是学着如何与盲点和解。

都说穷人的孩子早当家。生活的苦难让他早早开始历经人情冷暖、世间炎凉。但很多时候,我们却发现,越是穷苦出生的孩子对阶层互动、人情世故越成熟较晚。看似略有矛盾,却真实地说明了每个人都有难以克服,甚至难于发现的盲点。

所谓盲点,是指一个人视野中看不清或者根本就不会往那里看的部分。生物学上,盲点是由视网膜部分受损或者退化引起的。在社会学领域,我们用"盲点"来隐喻一个人没有能力或者不愿去面对、不愿去思考的社会中某个方面。

比如说，一个家境贫寒的农村男孩勤奋学习，考上了理想大学，经过不懈奋斗，成为一名大城市的著名律师，实现了阶层流动。你会发现，他可能对于政策制度哪些方面有利、哪些方面不利十分敏感。因为他的成长过程真实地经历了这些不利之处。但对于他来说，他可能很难看到家庭性别角色差异以及职场上的性别歧视。因为性别所限，他天然在社会性别方面存在盲点，特别是在与女律师的竞争中，承认职场上性别差异的存在意味着减弱对他一路以来不懈努力的认可。

都说单亲家庭长大或者从小缺爱的小孩情感之路容易坎坷。或许因为不知道何为爱、何为被爱，或许因为过度的渴望容易患得患失。其实，没有人的成长之路是完美的。当看到那些我们在意的事物时，我们就容易出现盲点。我们能做的就是尽可能去意识到自己的盲点，尽可能去面对那些曾经带给我们伤害或者容易让我们感到不安的事实。

4-6

安放当下：
过去时间很慢，一生只够爱一人

导 语 ================

　　物理学维度的时间严谨冰冷，社会学维度的时间随心而动。

　　珍惜韶华、关注当下。

　　不为虚度而后悔，不因焦虑而茫然。

　　"从前，车马很远，书信很慢，一生只够爱一个人"唯美的歌词寄托了人们对纯真专一美好爱情的向往，也隐含了一个科学问题——过去的时间真的很慢吗？虽然当时没有手表、手机等现代化计时工具，但我猜想，时间还是现在的这个时间吧。只是身在其中的人们安放当下的方式与状态不同了。

　　一分钟，可以很短暂也可以很漫长。您的答辩时间是三分钟，为此前期您可能做了充分的准备，经过多次的模拟，终于台上的三分钟你尽情绽放，总是有着时间不够的担忧，仿佛每分每秒都在飞速流逝。揪着一颗焦虑的心等在手术门外，每分每秒都如炭烤油煎般难熬，当下的每一分钟都如此漫长，长到你可以听尽百转千回、翻遍过往云烟。物理学维度的时间是那么严谨，甚至带着丝丝冰冷，不顾高考开考后第16分钟赶到现场的崩溃绝望，无视突发疾病黄金抢救时间的短暂珍贵。

社会学维度的时间是如此百变，随心而动。要处理好时间、安放好当下，就必须关注我们赋予时间的意义。时间是连贯的，事情也往往并非一时起意。因此，关注时间，我们就要学会如何赋予过去意义，并且界定好其如何影响当下。要了解一个人，我们也必须把这个人与他的过去联系起来，就像我们联系自己的过去一样。因为，历史虽然随着时间的流逝会发生很多变化。但正是这些变化、这些命中所定的偶然性影响了当下的形成。

愿我们都能够珍惜韶华、关注当下，不为虚度而后悔，不因焦虑而茫然。

4-7

跳出个人主义：
真正的王者都向外拼搏

导 语 ━━━━━━━━━━

外归因、内归因是什么意思？

社会学正念告诉你，个人成就可能是一种错觉。

个人成就离不开哪些因素？

任何个人成就都源于许多联系和互动的结果。

━━━━━━━━━━━━━━━

　　大家对外归因和内归因这两个心理学名词可能并不陌生。它是说，一个人在遇到挫折时只会指责别人或者抱怨外在环境，属于外归因；遇到挫折总会把原因指向自己，感到深深地自责，属于内归因。现实生活中，我们往往看到人们不但容易把失败的原因归于外在，而且习惯把成功的原因归功于自己。用比较流行的词来形容叫个人英雄主义。

社会学正念告诉我们，个人成就可能是一种错觉。因为，任何人的任何一种成就都并非真正是个人的，它必然源于这个人与他人之间的关系，是许多联系和互动的结果。

比如，出生穷苦人家的孩子努力学习、努力工作，克服重重困难，最终当上了某著名高校的校长。在这个看似个人成就的案例里，我们不难发现，如果没有成人在其儿童时期给予抚育和教导，他就不会成长为一个聪明、善良、勤劳的人。

个人成就也离不开他人和机构给予的机会。成长过程中如果没有人给他提供锻炼和展示的平台，总是受到打压和排挤。或者不存在小学、高中、大学、政府等机构一路提供的岗位，那他也无法成长为一名受人尊敬的校长。

再往大一点说，个人成就还取决于国家制度和社会观念。如果他出生在等级森严的旧时代或者其他国家，社会不鼓励人们通过奋斗拼搏实现阶层流动的话，那就注定无法创造奇迹。

取得成功的时候我们往往容易产生"我比其他人更努力更聪明"的错觉。但作为登顶者请不要忘了，是谁教会你攀登，是谁给了你阶梯，又是什么创造了你攀爬的道路。

4-8
拥有成为少数派的勇气

导语

30多岁不结婚就比较奇怪？不结婚又不违法。

什么是社会学视角的偏常？谁在判定偏常？偏常的标准是什么？被判定为偏常意味着什么？

偏常是占据权力或意见统治地位的群体为控制他人而做的标签。

让我们多些成为少数偏常派的勇气。

有人说，"这人30多岁，还不结婚，真奇怪"。我比较认同北京大学毕业脱口秀演员李雪琴的观点，"结婚是件很重要的事情，像交付生命一样，怎么可能因为30这个数字就把命交出去了"。有人说，"这人是不是还没有玩够，是不婚主义"。我说，"不结婚又不违法"。有人说，"这个世界有很多渣男"。

我说，"只要不违法，你情我愿，你愿意的，为啥说男的渣，你自己在干啥？"估计有点被我的冷静震惊到了，人们感慨，"果然是学社会学的，清醒犀利。"

仔细思考，你会发现其实这段对话反映的是我们对"正常"的不同看法。社会学视角就是我们对"偏常"的理解，即什么被界定为不正常、不道德。从某个人、某个群体、某个角度来看觉得不正常的行为，换个人、换个群体或者换个视角来看，它可能就会被认为是正常的、可以接受的。所以，社会学正念提醒我们遇到问题，要学着追问，谁在判定什么是偏常？判断的标准从何而来？出现不同的看法该怎么办？将某个人、某个群体或某个行为判定为偏常，会有什么样的后果？

试想在女子都不能拥有自己姓名的时代，想要追求女性人权、男女平等一定会被判定为偏常，甚至会被迫害。而在当今社会，如果有人不认同男女平等则会被判定为偏常。这其中伴随着时代的发展，社会的进步，更离不开几十年的女权运动和维权抗争。所以，偏常往往是那些占据权力或意见统治地位的群体为控制他人而做的标签。意识到这点，我们就能多点成为少数偏常派的勇气，活出更清醒的自我。

4-9
如何才能改变自己

导 语 ═══════════════

　　我们都有一颗改变自己的心，可是Flag总是容易倒，为什么？

　　改变自己是一个艰难而复杂的过程。

　　改变会破坏我们对世界对自身的一致性和稳定性。

　　改变一个人最好的办法就是把他放进一个新环境。

　　读书是改变环境、改变自己最重要最靠谱最经济的途径。

　　　　　　　　　　　　　　　　　　　═════════════

　　"我可以改变世界，改变自己，改变隔膜，改变小气，要一直努力努力，永不放弃，才可以改变世界，come on，改变自己！"王力宏虽然糊了，但这首歌还是挺让人振奋的。因为，我们都有一颗想要改变自己的心。我们给自己立了很多完善自我的旗帜，但它们总是很容易倒。那么，如何才能改变自己呢?

　　首先,我们必须意识到改变自己是一个艰难而复杂的过程。因为,现在的自己是由童年时期我们如何被塑造,成年时期如何融入社会组成的。出生至今习得的观察方式、思维模式和感受系统已经深深扎根于我们心中。当我们想要改变自己,引入新的想法,打破原有的三观。原有的行动路径就走不通了,原有的习惯就必须做出改变,如此,就会破坏我们对世界和自身的一致性和稳定性状态,产生对现实的失控感,引发不安情绪,造成心理负担。在短时间内遭遇或者寻求太多变化,这种心理负担会扰乱我们的生活。于是,我们就会脚踩刹车,Flag就倒了。

　　社会学认为,改变一个人最好的办法就是将其放进一个新环境,为其带来新的人、新的关系、新的思想,甚至新的工作、新的生活方式。因为,人是环境互动的产物。但对很多人来说,要改变环境何其难。对普通家庭出身的小孩而言,读书依旧是改变环境、改变自己最重要最靠谱最经济的途径。正如中国科学院院士施一公所说:"没有高考,就没有现在一批非常优秀的科学家、企业家、社会精英从农村走出来。"从河南驻马店走出来的他,特别感谢家乡的养育,更感谢生在这个伟大的时代,让他能够有机会走出来。让我们一步一步,改变自己,改变世界。

4-10

自我的灵活度与稳定度

导 语 --------------------------------

　　你是什么做的？石头、钢筋、木头？

　　什么是自我的稳定度，什么是自我的灵活度？

　　这对自我的概念在选人用人上如何体现？

　　我们对公众号编辑与总编的自我灵活度和稳定度的要求有何差异？

　　你给自己的灵活度和稳定度各打几分？

-------------------------------- --------------------------------

　　有人说，"你是厕所里的石头，又臭又硬"，也有人说，"你就是玻璃心，敏感多疑、易破碎"，还有人说，"是金刚经做的，冷漠又犀利"。仔细想想，他们好像说的都有点道理。如果把人形容成一种材料，包裹着我们的自我，你会是哪种材料做的，是石头、钢筋、树木还是细腻又有弹性的皮肤？课堂

上，我用这个例子让大家去感知自我的灵活度与稳定度。

自我的稳定度，是指在关系中一个人能够坚守住自我，在压力、痛苦等情境下不易崩塌的程度，而自我灵活度，是指在关系中我们能够敏感地感知外界并及时调整自我的程度。显然，自我的灵活度与稳定度是一对对立的概念。没有人能够随随便便成功，历经风雨才能见彩虹。只有拥有一定自我的稳定度，才能拥有我们所说的钝感力，才能面对得了压力、扛得住挫折、经得住困难。但太过稳定的人，往往缺乏神来之笔的洞见力，缺乏对问题对机遇的敏锐直觉，缺乏抓住机遇、打破僵局的果敢勇气。因此，我们希望一个人既有高度的自我稳定度，又有高度的自我灵活度。

自我的这对概念在职场选人用人上也体现明显。比如，现在很火的公众号运行，如果是招聘公众号编辑，那我们对他的自我稳定度要求不高，对他的自我灵活度却有很高的要求。因为只有对新闻热点、流行趋势、民间疾苦高度敏感，才能贡献优质的内容素材；如果是招聘公众号总编辑，那就会对他的自我稳定度有很高的要求，而对灵活度的要求会低一些。因为，总编辑要对公众号立场的正确性负责，同时要能够处理突发舆情等危机事件，必须拥有临危不乱、拍板定局的气度。1到10分，如果给自己的稳定度和灵活度分别打个分，你得几分呢？

4-11

社会竞争与自然界适者生存有何不同？

导语 ————————————

自然界生物进化是遗传和环境的结果；而人类可以通过后天学习提升自己。

人类可以建构一个对所有人都是安全的、文明的社会。

面试、答辩的选拔方式为什么是公平的？如何调整心态？

奋斗的道路上可能会有孤单，但认准方向，未来在前方。

————————————

在内卷成风的今天，人们奔波于评优争先，担忧于优胜劣汰。通过竞争取得成功的人可以获得更多的机会与资源，仿佛他们更适合在这个社会生存。那这与自然界的适者生存，是否完全是一个道理呢？社会学正念告诉我们，人类社会的竞争与自然界的适者生存之间有两个不同之处。

一是，自然界生物是在遗传和环境互动中进化；而人类可以通过接受教育增长知识、获得技能，不断地改变、完善自己，以提高社会竞争能力。二是，我们面对的环境不仅仅取决于大自然，人类可以改变环境，建构一个对所有人来说都可以是安全的、文明的社会。我们并非必须牺牲一部分人，才能够保存整体。但这两点的实现，离不开努力奋斗、自我提升。

面试失败，有些同学会跟我谈心，埋怨不公平，"我平时比他努力，实力比他强。他就算是讲的比我好，凭什么他得优秀"。我说，既然你选择报名参加面试或答辩，就表示你认同这样的选拔机制，那就应该愿赌服输。在资源有限的情况下，选择做得好又能讲得好的同学，合情合理合法合规。我们要做的是总结经验，查漏补缺，取长补短，提升自己。大家都是一个鼻子两个眼睛，通过练习，你也可以讲得比他好。

当然，随着年龄的增长，生活日益舒适，要保持旺盛的学习力和持久的奋斗精神似乎更难。依旧拼命的你会看起来有点格格不入，甚至还可能被扣上功利、爱表现的帽子。因为，竞争发生在我们与他人的互动中，我们想要改变自己离不开改变与他们的关系，甚至需要通过改变互动模式来重塑自己。因此，奋斗的道路可能会有点孤单，不要怕，认准方向，未来在前方。

4–12
做自己情绪的主人

导 语 ─────────

　　有人一碰到突发情况就原地爆炸，有人却能淡然处之，你呢？

　　做自己情绪的主人：

　　界定好情绪，认识自己的内心发生了什么；

　　驱动冷静思考，决定接下来的行动。

─────────────

　　生活中，有的人一遇到意外情况就容易原地爆炸，有的人却能够淡然处之、不慌不忙。前者是人们所说的急性子气、火爆脾气，后者是我所羡慕的低调内敛、成熟稳重。社会学视角来说，这体现了人产生情绪时的不同反应。情绪受到我们与他人之间互动的影响。互动中当我们感到被忽视，容易失落伤心；感到被关心，容易愉悦幸福；感到不受尊重，容易产生敌对的情绪。这是人之常情，但我们是否可以通过学习，学会在不同情境下更好地认知自己的感受、更好地表达自己的感受，更好地管控自己的情绪呢？这会是一个让我们生活得更加美好的课题。

假设你正在高速公路上正常行驶，突然有人不打方向灯、变道超车插到你前面，你为了避免相撞，紧急刹车转向，差点酿成意外。虽然有惊无险，但此番你会有什么样的情绪？回答这个问题，就是在界定被你唤醒的情绪。也就是说，我们首先得弄清楚我们的内心发生了什么。这也是用理性思考驱动我们冷静下来的过程。比如，失恋了，你可以难受、可以哭、可以要死要活，但你要清楚地知道，我是在因为什么难过，是因为不甘心自己的付出？是因为觉得他很好？还是担心自己找不到更好的？

界定好情绪之后，我们就思考该如何行动。是追上变道的司机，再来一次比拼？是找到前任，诉说痛苦，苦苦挽留？关于行动，没有人知道什么是最正确的答案。但只有学会做自己情绪的主人，才能保证我们的行动都是经过理性思考的，避免因草率而后悔。

4-13

所有的稳定都需要努力

导 语

人为什么要活着？挣扎于平淡的生活，意义在哪里？

与平淡相对的是刺激，刺激源于不确定性。

百无聊赖的稳定生活也需要付出精力才能够获得并且维持。

平淡生活的每一分都珍贵无比，认真生活的每个人都可爱值得。

我们无聊时思考的终极问题，"人为什么要活着？"特别是当我们挣扎于平淡的生活时，更容易以"这样活着有什么意义？"的思考题在迷茫中度过，仿佛为了几两碎银奔波的自己是那么无奈，仿佛茶米油盐已经磨灭了自己的灵性，仿佛置身于浩瀚宇宙的自己渺小到可以消失不计。犀利的我会说，"既然活着这么没意思，那就去死吧"。抱怨的人瞬间不乐意了，"咋能这样？""你又舍不得，是吧？"这种场景有没有似曾相识？今天，我们就从社会学视角来看看平淡的生活为何值得留恋。

与平淡相对的是刺激，刺激源于不确定性。世纪疫情、飞机失事、森林大火、山体滑坡等天灾人祸，彩票中奖、转角遇到爱、升职加薪等人间喜事，生活总有很多不期而遇的意外，虽然不确定悲喜，但一定可以让你心潮起伏。我们的心脏受不了时时坐过山车，大多时候生活还是有序的、稳定的、可预测的。

社会学正念告诉我们，令人百无聊赖的稳定生活、有序世界也是需要付出精力才能够获得并且维持的。如果没有白衣天使、志愿者的逆行守护，疫情下的人们将无处安身；如果不把垃圾清理掉，几周后我们的城市将会陷入停摆；如果停止工作与投资，坐吃山空的生活终将难以为继；如果没有一勺一饭的喂养，婴儿将无法存活成长。很多被我们认为理所应当、习以为常的平凡条件、平淡生活都是构成社会世界运转不可或缺的一环，都是形成可预测或者令人惊讶事物的组成。因此，平淡生活的每一分都珍贵无比，认真生活的每个人都可爱值得，让我们为辛劳的自己点赞。

4-14

为什么要行万里路？

导 语

　　哲学观点，所有知识皆与视角有关。

　　观点由互动产生，源于我们成长的家庭、学校、职场、所属的种族、民族、社会阶层、性别群体和国家时代。

　　于国家，我们实施积极主动的开放战略；

　　于个人，我们在身体上和大脑里都要走出去。

　　走出去，更要走回来，建设祖国故里。

　　哲学家有个观点："所有知识皆与视角有关。"也就是说，我们都是透过某种视角去认识这个世界。我们的知识、观点、观念和我们与他人之间的互动密不可分。社会学正念里，这一关系之所以会存在是因为这一切皆源自我们成长的家庭、学校、职场、所属的种族、民族、社会阶层、性别群体和国家时代。无法要求井底之蛙能够想象苍穹的广袤，无法强求蜗牛抬头与长颈鹿呼吸同一片空气。那我们应该怎么做？

于国家，我们始终注重开放发展，强调共享发展。积极推动落实丝绸之路经济带、21世纪海上丝绸之路等重大合作倡议，实行更加积极主动的开放战略，完善互利共赢、多元平衡、安全高效的开放型经济体系。

于个人，意识到我们对自身对世界的了解仅限于我们生活中所经历的各种关系。我们就会多一份"世界那么大，我要去看看"的冲动。所谓走出去，可以是身体上的，我们去经历不同的地方，结识不同的人，了解他们如何看待世界，进行交流讨论。也可以是在大脑里的，我们通过阅读、网络冲浪，了解他人的经验和想法。从那些与我们不同的视角里反省自身，我们可能会看到一些之前从未想到的事情。从那些与我们相似的视角里回看自身，我们可以收获认可与支持的力量。

很喜欢一句话，"人生的意义在于经历"。让我们走出家门、走出办公室、走出家乡、甚至走出国门，去经历更多不同的人不同的事不同的关系，不断收获了解自身了解世界的新视角。

4-15

设想未来：
把不确定性转化成确定的行动

导 语 ————————————————

　　未来不来，爱来不来，说的是你吗？

　　努力设想我们的行动可能产生的后果。

　　做最好的打算，做最坏的准备，用行动替代迷茫。

　　用试错者的心态收获心之所向、爱来就来的精彩旅程。

————————————————————————————

　　新时代青年似乎不喜欢聊未来。他们信奉未来不来，爱来不来，计划赶不上变化。确实，未来唯一确定的就是不确定性，人生唯一确定的就是必有一死，就连如何死都充满了不确定性。那我们应该如何看待过去、现在与未来之间的联系呢？我有两点想与大家分享。

　　第一，努力设想我们的行动可能产生的后果。人在一个领域的行为会导致或者影响另一个领域的行为。现在的选择和行为将会影响未来出现的结果，缺乏这种思考的人，往往被认为是行事冲动或缺乏远见。这一点上，我们要向美洲印第安人学习，他们的联盟指导原则之一就是，在做出任何决定前，部落理事们要考虑到这一决定可能对未来七代人所产生的影响。虽然在日新月异的今天，我们会感慨很难预测哪怕是下一代会发生什么。但不妨碍我们时刻铭记，我们今天所创造的世界将会影响我们下一代和孩子的孩子们的生活。

第二，做最好的打算，做最坏的准备，用行动替代迷茫。很多人不愿意去想未来，是因为觉得未来的不确定性让自己无从下手。想着想着就陷进去了，陷入对自我能力的怀疑、对周围事务否定的内耗中无法自拔。任何想法只要付诸行动就都会转化为一种现实，进而融入社会运转。任何一个微小的变化都可能会引发更大的变革。因此，努力设想、积极行动。让我们用试错者的心态收获心之所向、爱来就来的精彩旅程。

4-16

你干与别人干有什么差别

导 语

你是正向思维还是负向思维占主导？如何分辨？

社会世界的所有部分都是一种过程。任何现状、困难、条件，也是一种过程，都有被变革的可能。

我们要学会思考"你干这件事跟别人干有什么差别"。

你是这个宇宙唯一特别的存在，期待我们共同创造不一样的过程。

我经常跟同学们讲，一群人很快就会分化出，哪些人能量比较足、气场比较强，你也很容易可以分辨出来。因为，有些人是正向思维占主导，有些人是负向思维占主导。举个例子，面对一项任务有困难很正常。负向思维占主导的人的第一反应是这件事由于缺乏什么样的条件、资源，比较有难度。正向思维占主导的人的第一反应是这件事情我们只要找到哪些资源、改善哪些条件就可以完成。测一下你的第一反应是什么，你是哪种思维占主导呢？这是我自创的一种界定方式。

社会学视角里社会世界的所有部分都是过程，就连经济、政府、国家、企业等我们看似庞大而稳定的存在也只不过是人们定期以规律有序的方式一起做事的结果。因此，我们认为的现状、困难、条件，实际也是一种过程，都有被变革的可能。我们需要思考的是，我是谁，我应该和谁一起如何去做这件事，去改变这个条件，去创造一段新的过程。

以学生社团举例，我指导学生骨干的口头禅是，你要思考"你干这件事跟别人干有什么差别"。因为，对于这件事来说你是独特的新变量，可以形成新的组合、激起新的火花。一个人很渺小，但可以蕴含无限的潜能。当我们以这样思维要求自己，推动大家一起以不同的方式去做一些不同的事情，我们就可以调整过程，推动变革。

亲爱的朋友，我们的人生就是一段或长或短的过程。长短无法控制，唯有过程中的经历属于我们。你是这个宇宙唯一特别的存在，期待我们共同创造不一样的过程。

4-17

向每一位努力活着的人间清醒致敬

导 语

　　人终其一生最重要的课题就是学会跟自己相处。

　　正确关注周围发生事情的社会学"三个提问"：

　　哪些人可以和你一起解决问题；

　　哪些人会从某种做事方式中获益；

　　标签和分类是如何被规定的？

　　"每个人都很辛苦，凭什么要求别人理解你的辛苦？可以敏感但是不玻璃心，我不会在意别人对我赞扬或者批评。每个人都有自己的生活方式，都是一个独立的个体，不要去改变别人，多花些时间在家人和自己热爱的事情上面。极度的坦诚就是无坚不摧。"读完杨幂的经典语录是不是会让你瞬间清醒，透心凉。

人终其一生最重要的课题就是学会跟自己相处，跟不同时空、不同情境、不同状态下的自己相处。因为人是社会人，如何看待社会的形成、如何看待与他人的关系影响着每个人的存在。社会学用"三个提问"教会我们用正确的方式去关注周围发生的事情，让我们活得更清醒更有趣更负责任。

第一，哪些人可以和你一起解决问题？两个人或者更多人面对同一个问题，得出一致的解决方案，他们就在创造一种社会现实。当这一方案被更多人接受，从而变成一种习惯时，文化甚至制度就形成了。因此，面对问题或者分析现状，你需要寻找到一起解决问题的人。

第二，哪些人会从某种做事方式中获益？任何能解决问题的方案必然会给一部分人带来利益，也可能对一部分人造成限制或伤害。因此，我们在审视社会安排时要记得追问"谁受益？""谁受损？"

第三，标签和分类是如何被规定的？生活中我们总是不自觉被归入不同的类别，贴上不同的标签，承担不同的角色。我们要提醒自己试着追问：是谁规定了这些标签和分类？谁受益？谁买单？它们是如何影响人类行为的？

向每一位努力活着的人间清醒致敬。

4-18

在平凡的岗位上干出不平凡的业绩

导 语 ═══════════════════════

　　全国"五一"劳动奖章填补技术空白，袁辉学长坚守深山支教十年。

　　在平凡工作中创造不平凡的业绩。

　　平凡，工作是人类谋生的手段，分工不同，没有高低；不平凡，绩效管理满足人类尊重和自我实现的需求。

　　让有为者有位，为担当者担当。

────────────────────────────

　　全国"五一"劳动奖章的李文强，手握"不起眼"的焊枪，凭借不服输的韧劲，成功掌握核工业生产精密设备的自主加工制造技术，填补了国内技术领域的空白；"敦煌女儿"樊锦诗数十年如一日扎根敦煌，矢志不移，为世界文化遗产敦煌莫高窟永久保存与永续利用作出重大贡献；南京大学袁辉学长只因"这里需要我"，拒绝正式编制，扎根深山支教十年。一个个平凡而又伟大的榜样，传播真善美，传递正能量，激励我们拼搏奋斗、发光光热。

在平凡工作中创造不平凡的业绩。然而有些单位，特别是体制内，很多时候会出现偏重前半句情况，把岗位自诩平凡，把默默无闻当作无悔坚守，从而造成集体温水煮青蛙，论资排辈的职场生态。从社会学视角来看，一方面，所谓平凡，工作是人类谋生的手段。任何岗位都是平凡的，虽有薪酬权力的差异，但没有高低贵贱之分，只是社会分工不同。没有清洁工三天，整个城市将陷入脏乱；国家元首、省长书记也是一份职业，有着他必须承担的岗位职责。另一方面，科学合理的绩效管理才能造就不平凡的业绩。只有少谈苦劳，多谈功劳，论功劳、评功劳，才能够进一步激励人们创新创造，勇于挑战，突破自己，做出更新更大的贡献。

马斯洛的需求层次理论，将人类的需求分为生理，安全，社交需要，尊重和自我实现五个层次。占有80%精力的工作对于我们实现尊重与自我实现的高层次需求来说意义重大。唯有"让有为者有位，为担当者担当"，为有为者、担当者提供相应的荣誉、机会、平台，才能够让集体活力无限、朝气蓬勃。

4-19

做个守初心、勤思考、敢表态的螺丝钉

导 语

发现公司即将投产的产品存在设计缺陷，你会怎么办？

你服从命令、闭口不言，结果造成用户受伤。

科层制和从众效应解释组织内员工容易随波逐流的原因。

做一颗守初心、勤思考、敢表态的螺丝钉。

某天，你发现公司计划生产的产品存在一定的缺陷，可能会对用户造成伤害，你认为应该重新或者改善设计再投入生产。但你被告知，"那样生产成本太高，如果有用户受到伤害，保险公司会理赔。所以，还是正常投产"。于是，你服从决定，保持沉默。但最终结果如你所判断，有用户因使用产品而受伤了。回过头来分析，人们可能会谴责你说，"如果你当初坚持

公布产品设计存在的缺陷，甚至辞职抗议，那么可能会避免用户受到伤害"。但是你没有，为什么？社会学正念让我的脑海里冒出两个名词——科层制和从众效应。

首先，科层制是权力依职能和职位分工分层、以规则为管理主体的管理方式和组织体系，亦称官僚制。长期的职场规训使我们习惯听令行事、服从领导。如果你坚持公布产品缺陷，那可能会面临被解雇。即使不是解雇，也可能会受到打压，事业受损。你会担心如何供养家庭，所以，只能选择闭口不言。

其次，从众效应，指个体受到群体的影响而怀疑、改变自己的观点、判断和行为等，以和他人保持一致。当部门，甚至整个公司对于产品缺陷都视而不见时，你就会怀疑是否是自己大惊小怪、可能不会发生严重的后果，可能是自己判断失误了。于是，你选择跟大家保持一致。因为，在竞争激烈的职场中，没有权力的支持要坚持己见需要耗费太多心力、精力，很多时候我们就只能选择妥协，变成集体中的一个螺丝钉。但性格奇葩的我认为，螺丝钉精神指的是拥有大局意识，并非鼓励我们随波逐流、磨灭思想。愿我们都能够坚持自我，做个守初心、勤思考、敢表态的螺丝钉。

4-20

学习社会学正念的三大理由

导 语 ━━━━━━━━━━━━━━━━━━

　　"我们都是社会人"，学习社会学正念的三大理由：

　　第一，让我们认识到社会世界复杂而神秘，保持好奇心和社会情怀；

　　第二，激发我们改变自己，改变一起做事方式的动力；

　　第三，认识到世界是环境与互动的产物，变革需要与他人合作。

　　让我们可以更加清楚地看到正在发生的事情，但如何行事，决定在你！

━━━━━━━━━━━━━━━━━━

　　到此，你已经耐心地读完79篇社会学视角下的思想政治教育评述，相信对于"社会学""社会学正念"已然不陌生，甚至有了几份熟悉。最后我想与大家共同回顾初心，聊聊学习社会学正念的三大理由。

第一，学习社会学正念让我们认识到我们生活的这个世界是复杂而神秘的，唤起我们的好奇心和社会情怀。我们共同探讨构成社会世界的各种现象、模式、过程，以及偶然性与必然性、普遍性与特殊性等各种联系；探讨影响人类社会发展的文化习惯、运行机制、利益格局；探讨外表与根本、自然与社会间的相互影响。希望今后的日子我们都能继续保持对社会的关注与好奇。

第二，学习社会学正念能够激发我们改变自己、改变我们一起做事方式的动力，共同创造一个更和平、更公平、更温暖、更高效的社会。虽然不能确定个人的努力一定会让世界更美好，但如果我们都不行动，那社会只能维持现状。因此，让我们携手，不畏结果，不问东西，行所当行。

第三，学习社会学正念让我们意识到任何事情都是环境与互动的产物，任何变革都需要与他人相互合作。单枪匹马只可以改变社会很小的一部分。唯有寻找那些认同变革之需并且愿为变革出力的人，大家团结起来才可以开启新征程。

我们都是社会人，人在情境中。愿我们都能更加清楚地看到正在发生的事情，而最终如何行事，决定在你。相信你，加油！

名词出处

第9页

变量（variable）

John Soctt. 1994, Dictionary of Sociology 789, Oxford: Oxford University Press.

第11页

表象（representation）

John Soctt. 1994, Dictionary of Sociology 644, Oxford: Oxford University Press.

第13页

缄默知识（tacit knowledge）

John Soctt. 1994, Dictionary of Sociology 753，Oxford: Oxford University Press.

第24页

符号互动论（symbolic interactionism）

John Soctt. 1994, Dictionary of Sociology 747，Oxford: Oxford University Press.

第27页
巴纳姆效应（Barnum effect）

Andrew M. Colman. 2001, Dictionary of Psychology 78, Oxford: Oxford University Press.

霍桑效应（Hawthorne effect）

Andrew M. Colman. 2001, Dictionary of Psychology 332, Oxford: Oxford University Press.

皮格马利翁效应（Pygmalion effect）

Andrew M. Colman. 2001, Dictionary of Psychology 625, Oxford: Oxford University Press.

第30页/第36页
群体（group）

John Soctt. 1994, Dictionary of Sociology 293, Oxford: Oxford University Press.

第33页
社会排斥（social exclusion）

John Soctt. 1994, Dictionary of Sociology 229, Oxford: Oxford University Press.

第39页

阶层（class）

John Soctt. 1994, Dictionary of Sociology 79, Oxford: Oxford University Press.

第42页

刻板印象（stereotype）

John Soctt. 1994, Dictionary of Sociology 730, Oxford: Oxford University Press.

第44页

幸存者偏差（survival biases）

Ball R and R Watts. Some additional evidence on survival biases[J]. Journal of Finance, 1979, 34: 197–206.

第65页

标志（sign）

John Soctt. 1994, Dictionary of Sociology 682, Oxford: Oxford University Press.

第85页

权力（power）

John Soctt. 1994, Dictionary of Sociology 589, Oxford: Oxford University Press.

第105页

身份（identity）

John Soctt. 1994, Dictionary of Sociology 328, Oxford: Oxford University Press.

第111页

社会学（sociology）

John Soctt. 1994, Dictionary of Sociology 715, Oxford: Oxford University Press.

第115页

共同体（community）

John Soctt. 1994, Dictionary of Sociology 103, Oxford: Oxford University Press.

第119页

互动（interaction）

John Soctt. 1994, Dictionary of Sociology 363, Oxford: Oxford University Press.

第121页

鸡尾酒派对效应（cocktail party phenomenon）

Andrew M. Colman. 2001, Dictionary of Psychology 140, Oxford: Oxford University Press.

第145页

生命历程（life course）

John Soctt. 1994, Dictionary of Sociology 420, Oxford: Oxford University Press.

第159页

偏常（deviance）

John Soctt. 1994, Dictionary of Sociology 420, Oxford: Oxford University Press.

第163页

自我（ego）

John Soctt. 1994, Dictionary of Sociology 204, Oxford: Oxford University Press.

致 谢

　　金秋时节，南京大学仙林校区书香四溢、丹桂飘香。撰写、修改并检查完全部书稿的我身心愉悦，提笔感谢成书路上收获的满满的关爱与支持。

　　从构思、写稿、录制、剪辑、发布系列视频，再到重新整理撰写成书，回首两年来的时光，有绞尽脑汁的痛苦，有每日一更的压力，有收获好评的喜悦，也有来自四方的善意。最感谢母校南京大学自本科阶段学习至留校工作17年来对我的培养，是南京大学赋予了我立德树人的神圣使命，给予了我安心写作的美好环境，感谢学校、本科生院、学院的一路支持，感谢领导、同事、亲友们的鼎力帮助，特别鸣谢南京大学郑钢基金给予我们《生命的奥秘》通识课程以及本书出版的倾情资助。

　　艺术源自生活，文字来自日常。大学校园一直是我思考与写作的养分源泉，与同学们的相伴相长给了我幸福与灵感。特别感谢积极参与课程制作、公众号运营、视频制作的可爱小伙伴们。感谢那个能够坚守初心、享受孤独、笔耕不辍的自己。

感谢牵动此次出版缘分，给予我理论成长机会的上海社会科学院社会学研究所的李骏老师，感谢东方出版中心对此书的出版，感谢辛劳的编辑、设计、制作老师。

感恩生命中有你们！感恩生活中的每一天！爱你们！

王　丽

写于南京大学仙林校区扬州楼

2023 年 11 月 21 日